LA

DOCTRINE DE MONROË

PAR

MAURICE DELARÜE DE BEAUMARCHAIS

ANCIEN ÉLÈVE DE L'ÉCOLE LIBRE DES SCIENCES POLITIQUES

DOCTEUR EN DROIT

PARIS

LIBRAIRIE DE LA SOCIÉTÉ DU RECUEIL GÉNÉRAL DES LOIS ET DES ARRÊTS
ET DU JOURNAL DU PALAIS

Ancienne Maison L. LAROSE & FORCEL
22, rue Soufflot, 22

L. LAROSE, Directeur de la Librairie

1898

LA
DOCTRINE DE MONROË

LA
DOCTRINE DE MONROË

PAR

Maurice DELARÜE DE BEAUMARCHAIS

ANCIEN ÉLÈVE DE L'ÉCOLE DES SCIENCES POLITIQUES

DOCTEUR EN DROIT

PARIS

LIBRAIRIE DE LA SOCIÉTÉ DU RECUEIL GÉNÉRAL DES LOIS ET DES ARRÊTS
ET DU JOURNAL DU PALAIS

Ancienne Maison L. LAROSE & FORCEL
22, rue Soufflot, 22

L. LAROSE, Directeur de la Librairie

1898

PRINCIPAUX OUVRAGES CONSULTÉS.

CALVO : *Droit international théorique et pratique*, § 148 à 150.

PRADIER-FODÉRÉ : *Droit international public.*

LAWRENCE : *Commentaires sur le droit international public de Wheaton*, I et II.

WHARTON : *Digest of international Law*, § 57.

DE MARTENS : *Recueil général des Traités.*

Revue de droit international et de législation comparée.
{
1894, article de M. BASSETT-MOORE.
1895, article de M. DE BUSTAMANTE (Le canal de Panama).
1896, article de M. MOORE.
1896, article de M. BARCLAY.
}

Revue de droit public et de la science politique, 1896, article de M. MÉRIGNHAC.

Revue de droit international public, 1896, article de M. DESJARDINS.

Le Correspondant, 15 février 1896, article de M. DESJARDINS.

Revue des Deux-Mondes, 15 janvier 1896, article de M. DE PRESSENSÉ.

HARRY PRATT JUDSON : *The Growth of the American nation.*
North american review, 1856, p. 578; 1882, p. 494; 1896.

CHARLES SALOMON : *De l'occupation des territoires sans maîtres.*

Revue politique et parlementaire, 1895, 1896, 1897.

Archives diplomatiques.

Poinsard : *Libre échange et protection.*

Woolsey : *Introduction to the study of the International Law.*

Marquis de Chambrun : *Le pouvoir exécutif aux États-Unis.*

Duc de Noailles : *Cent ans de République aux États-Unis.*

Annuaire Lesur : années 1823 et s.

Amédée Prince : *Le Congrès des trois Amériques.*

Le Temps, les Débats, le Moniteur des Chambres de commerce.

LA
DOCTRINE DE MONROË

Les récentes affaires du Vénézuéla et de Cuba ont sollicité plus vivement que jamais l'attention de l'Europe sur la politique extérieure des États-Unis. La Grande République américaine vivait depuis près d'un siècle en paix avec tous les États du Vieux-Monde ; la guerre qu'elle avait soutenue en 1812 contre l'Angleterre, — guerre qui fut d'ailleurs comme la suite et la fin de la guerre de l'Indépendance, — avait seule interrompu les relations pacifiques qu'elle entretenait avec l'Europe ; la guerre de Sécession avait bien donné lieu à de longues difficultés internationales, terminées seulement en 1872 par la sentence arbitrale relative aux *Alabama claims,* mais ces difficultés n'avaient jamais donné d'inquiétudes aux partisans de la paix, et les seules guerres que les États-Unis livraient à l'Europe étaient des guerres de tarifs sur le terrain économique. Tout à coup, en 1895, une contestation de frontières déjà ancienne entre le Vénézuéla et la Guyane anglaise amena une crise violente entre les Gouvernements de Londres et de Caracas. Le peuple Américain prit bruyamment parti pour le Vénézuéla ; une agitation extraordinaire régna pendant quelques jours au département d'État, au Sénat et à la Chambre des Représentants et dans toute la nation. Les Américains crurent un instant à la guerre ; ils voulurent plus encore y faire croire ; ils invoquèrent très haut la doctrine de Monroë et obligèrent les Anglais à renoncer à leurs prétentions. Au nom du même principe, les Américains veulent intervenir dans la lutte que soutiennent les Espagnols contre les Cubains révoltés. Les plus modérés demandent que la qualité de belligérants soit reconnue aux Cubains ; ceux qui se prétendent les plus fidèles interprètes de la doctrine réclament pour les insurgés des secours qui leur permettent de chasser les Espagnols d'une terre américaine. C'est encore au nom de la doctrine de Monroë que le Président Mac-Kinley inaugure à Philadelphie un musée commercial des produits des trois Amériques, et essaie de créer une union douanière panaméricaine.

La doctrine de Monroë semble donc actuellement inspirer toute la politique étrangère des États-Unis. Elle renferme la solution de toutes les complications internationales ; elle dicte au Gouvernement de Washington un devoir qu'il ne peut méconnaître sans violer toutes les lois historiques, sans trahir la patrie. Aussi peut-il être intéressant de rechercher après tant d'autres la naissance, l'évolution, l'avenir et les causes de la prestigieuse fortune de la doctrine Monroë, qui, purement défensive au début de ce siècle, tend aujourd'hui à ruiner l'influence de l'Europe dans le Nouveau-Monde, et se résume en cette formule inquiétante pour les États européens qui ont des intérêts dans les trois Amériques : « l'Amérique aux États-Unis ».

LES ORIGINES

Le message du Président Monroë est daté du 2 décembre 1823 : quelle était à cette époque la situation du continent américain?

D'immenses territoires de l'Amérique du Nord étaient mal connus, mal délimités, sans maîtres certains. La Russie, la Grande-Bretagne et les États-Unis revendiquaient, en vertu de titres douteux, des surfaces considérables presque inhabitées. La première de ces puissances possédait dans la presqu'île d'Alaska un vaste territoire improductif et glacé, connu sous le nom d'Amérique russe; mais elle déployait une grande activité et cherchait à étendre ses possessions pour s'emparer de régions plus fertiles et plus riches. Une compagnie russe privilégiée avait déjà essayé de fonder des établissements à l'embouchure de la Columbia et dans la baie de San-Francisco, mais elle avait dû reculer devant les protestations unies des cabinets de Washington et de Londres. Entre pêcheurs russes, anglais et américains éclataient de continuels conflits qui obligeaient à chaque instant leurs gouvernements à intervenir [1]. Le Tzar Alexandre résolut de trancher la difficulté à son profit : un oukase du 28 septembre 1821 annexait à l'Empire russe toute la côte américaine jusqu'au détroit de la Reine Charlotte (51° de lat. Nord), et défendait aux étrangers de commercer dans les îles ainsi acquises et aux pêcheurs de se livrer à leur industrie dans les eaux russes.

Les cabinets de Londres et de Washington protestèrent de nouveau : l'Angleterre était, plus directement encore que les États-Unis, menacée par les visées de la Russie, car elle possédait à cette époque une plus grande surface de territoires américains que la Grande République. Les deux États anglo-saxons entretenaient d'ailleurs, depuis la guerre de 1812, les relations les plus amicales; ils avaient ajourné la solution des questions qui pouvaient les diviser, et, par un traité signé en 1818, ils avaient laissé pour une période de dix années d'immenses régions mal connues soumises à leur autorité commune, convenant que les établissements qui seraient fondés par des sujets britanniques ou des sujets américains ne pourraient engager l'avenir.

Aussi l'Angleterre et les États-Unis s'élevèrent avec

---

(1) Des querelles de ce genre devaient d'ailleurs durer jusqu'à nos jours entre les pêcheurs américains — héritiers depuis 1868 des droits des pê-, cheurs russes — et les pêcheurs canadiens, sujets britanniques. Un tribunal arbitral international, réuni à Paris en vertu du traité de Washington du 29 février 1892 pour statuer sur les difficultés auxquelles ont donné lieu les *pêcheries de la mer de Behring,* a édicté une réglementation de nature à en prévenir le retour.

énergie contre les nouvelles annexions de la Russie. Le secrétaire d'État Adams, ouvrier passionné de la grandeur de son pays, élevant la question au-dessus du règlement d'une affaire particulière, manifestait l'intention bien arrêtée des États-Unis de ne plus laisser les États européens fonder des colonies dans le Nouveau-Monde. Il déclarait le 17 juillet 1823 au baron Tuyl, ministre russe à Washington, que les États-Unis s'opposeraient à toute colonisation future d'un État européen en Amérique : « Nous contesterions le droit de la Russie à tout établissement territorial sur ce continent, et nous proclamerions nettement le principe que les continents américains ne sont plus dorénavant soumis à aucun nouvel établissement colonial européen ».

La même bonne entente de la Grande-Bretagne et des États-Unis subsistait en face des tentatives de l'Espagne pour obtenir l'intervention de la Sainte-Alliance contre ses colonies révoltées ; là encore, Adams ne voulait pas que les colonies espagnoles une fois libres pussent appartenir de nouveau à un État européen, et il essayait de persuader à l'Angleterre qu'elle avait tout intérêt à voir l'Amérique du Sud indépendante. Il envoyait à M. Rush, ministre américain à Londres, les instructions suivantes, dans lesquelles il expose nettement sa politique : « De nouveaux États ont surgi sur tous les points du Nouveau-Monde, ne laissant plus de place pour les entreprises des États de l'Ancien. Les nouveaux États posséderont les droits qui dérivent de leur condition d'État, et leurs

territoires ne seront soumis à aucun droit exclusif de navigation dans leur voisinage ou d'accès spécial de la part
d'une nation étrangère quelconque. Une conséquence nécessaire de cet état de choses sera que les continents
américains ne seront plus à l'avenir susceptibles d'aucune
domination. Occupés par des nations civilisées, indépendantes, ils seront accessibles aux Européens et à n'importe
qui, en cette qualité seulement, et l'Océan Pacifique, dans
chacune de ses parties, restera ouvert à la navigation de
toutes les nations, de la même manière que l'Atlantique... »

Instructions d'Adams à M. Rush, 24 juillet 1823 (1).

L'insurrection de l'Amérique latine augmentait encore
les embarras du Directoire européen. On sait dans quelles
circonstances celui-ci s'était constitué. L'acte de la Sainte-
Alliance du 26 septembre 1815 n'avait été qu'une déclaration mystique, sans portée précise, à laquelle tous les
États avaient été invités à adhérer ; mais les souverains des
quatre puissances qui avaient vaincu à Waterloo Napoléon
et l'esprit révolutionnaire s'étaient étroitement unis par le
traité du 20 novembre pour maintenir la paix et réprimer
les mouvements insurrectionnels que pourraient tenter les
peuples contre leurs gouvernements légitimes. On sait
aussi que le Gouvernement de la Restauration, grâce à

(1) *Am. state papers. For. rel.*, vol. V, p. 447, dans la *Revue de dr.
int. et de législ. comp.*, art. de J.-B. Moore, 1896, p. 306.

l'habileté de son roi et de ses ministres, était parvenu au Congrès d'Aix-la-Chapelle (1818) à faire rentrer la France dans ce concert européen, formé d'abord contre elle. Les grandes puissances gouvernaient l'Europe au moyen de Congrès, assemblées de princes et de diplomates qui se réunissaient pour régler toutes les questions pouvant s'élever entre les États ou entre les rois et leurs sujets. Le Congrès de Troppau en 1820 avait décidé de réduire les Napolitains révoltés; plusieurs mesures avaient été proposées dans ce but, mais l'opposition de la France et de l'Angleterre l'avait empêché d'aboutir et il avait été transféré à Laybach.

Cependant, les aspirations des peuples à disposer eux-mêmes de leurs destinées étaient plus fortes que les répressions, et le nouveau Congrès qui devait se réunir à Vérone avait à examiner les mouvements révolutionnaires qui se produisaient partout, notamment en Orient, en Espagne et en Amérique. L'Espagne était en proie aux factions, et les luttes civiles qui déchiraient son territoire rendaient de plus en plus improbable la soumission de ses colonies d'Amérique. Celles-ci en effet, révoltées d'abord contre le gouvernement usurpateur de Joseph Bonaparte, voulaient jouir désormais de la liberté qu'elles avaient appris à apprécier. La sujétion commerciale que leur imposait l'Espagne leur était particulièrement odieuse, et l'Amérique du Sud, comme autrefois l'Amérique du Nord, était amenée à se séparer de sa métropole par des raisons économiques. Francia, Cochrane, San-Martin,

Simon Bolivar, Iturbide, après des luttes héroïques et sanglantes, fondaient des républiques libres que les États-Unis reconnaissaient comme États (1821).

Ferdinand VII protestait et invoquait le secours de la Sainte-Alliance contre ses sujets révoltés d'Espagne et d'Amérique. Les puissances européennes étaient très divisées [1] : l'Autriche, la Prusse et la Russie déclaraient qu'elles ne reconnaîtraient jamais les nouveaux États américains sans le consentement de leur mère-patrie. La France, ne voulant pas se séparer du concert européen, déclarait seulement qu'elle n'agirait pas contre eux à main armée (Dépêche du prince de Polignac au Gouvernement britannique, 5 juillet 1823). Seule, l'Angleterre était favorable à l'établissement des nouvelles républiques, mais ses hommes d'État n'osaient encore entrer en relations officielles avec elles.

Les Anglais avaient encore une fois le rare bonheur de voir leurs intérêts particuliers conformes à la cause très noble de la liberté des peuples, et ils les servaient efficacement en se posant devant l'Europe hésitante ou hostile en champions désintéressés de la Justice et du Droit. Peut-être obéissaient-ils à un sentiment généreux de prosélytisme libéral, et l'opinion recherchait-elle, sous le pitoyable gouvernement de Georges IV, « le plus misérable, lâche et égoïste chien qui ait jamais été roi », une occasion solennelle de témoigner en faveur de la liberté ; mais l'indépen-

____

(1) Lawrence sur Wheaton, II.

dance économique des nouveaux Etats, conséquence fatale de leur indépendance politique, devait fournir à son commerce des profits inestimables et lui assurer une situation privilégiée sur d'immenses marchés.

Hostiles à la doctrine d'intervention sur le continent, pour ne pas fournir à la France un prétexte de montrer à l'Europe sa résurrection, les Anglais étaient également hostiles à toute politique qui replacerait les colonies rebelles de l'Amérique sous la dépendance de l'Espagne.

Une intervention paraissait cependant imminente : MM. de Montmorency et de Villèle obtenaient au Congrès de Vérone qu'une armée française fût chargée de rétablir l'ordre en Espagne au nom de la Sainte-Alliance. L'expédition du duc d'Angoulême prouva à l'Europe que le drapeau blanc pouvait compter sur l'armée ; l'absolutisme fut rétabli avec Ferdinand VII ; une action énergique en Amérique paraissait certaine, et on craignit à Londres et à Washington que le Gouvernement français ne se fît payer la victoire du Trocadéro par la cession de Cuba. L'union de Canning et d'Adams se fit plus étroite devant le péril qui les menaçait tous les deux.

Canning [1], qu'on accusait aussi de vouloir profiter de la situation intérieure de Cuba pour annexer cette île à son pays, protestait de toutes ses forces et prodiguait à M. Rush, ministre des États-Unis à Londres, les assurances de son bon vouloir. Dans des notes du 31 mars et du 19 août

(1) Canning était redevenu libéral après de nombreuses variations politiques ; il venait de succéder à lord Castlereagh.

1823, il déclarait que l'indépendance des anciennes colonies espagnoles devait être considérée comme définitivement acquise et il proposait aux gouvernements de Paris et de Washington de signer un arrangement en vertu duquel les trois puissances garantiraient à l'Espagne la possession perpétuelle de Cuba. Mais la forme républicaine des nouveaux États du Centre et du Sud l'effrayait et il hésitait à les reconnaître pour ne pas se séparer ouvertement du Directoire européen. Il proposait seulement à M. Rush que l'Angleterre et les États-Unis conclussent un accord par lequel les deux gouvernements renonceraient pour toujours à acquérir l'une quelconque des anciennes colonies espagnoles et déclareraient ne mettre aucun obstacle à la conclusion d'une entente directe entre la métropole et ses sujets révoltés. Il espérait que cet arrangement déciderait l'Espagne à reconnaître les faits accomplis.

M. Rush hésitait ; il ne consentait à s'engager que si l'Angleterre reconnaissait immédiatement les nouveaux États ; de son côté, Canning jugeait un tel acte imprudent et n'osait prendre aucune décision.

Cependant, l'Espagne redoublait d'efforts pour obtenir de la Russie, de l'Autriche et de la Prusse une intervention en Amérique ; le moment était solennel pour la liberté des peuples nouvellement affranchis, quand le message annuel du Président Monröe au Congrès vint proclamer les vues du chef du seul État américain reconnu par l'Europe (2 décembre 1823).

Après avoir fait un exposé de la situation intérieure des

États-Unis, après de longs détails sur la construction des nouvelles routes, sur l'augmentation du crédit public, sur l'accroissement de la population, le Président consacrait quelques lignes enflammées à la guerre d'indépendance des Grecs et exprimait ses vœux pour le succès de leur « lutte héroïque », puis il appréciait en ces termes les rapports de son gouvernement avec la Russie au sujet des difficultés dont nous avons parlé plus haut (p. 5 et s.).

« Sur la proposition du gouvernement impérial russe, faite par l'intermédiaire du ministre de l'Empereur résidant ici, un plein pouvoir et des instructions ont été transmises au ministre des États-Unis à Saint-Pétersbourg pour arranger et fixer par des négociations amicales les droits respectifs et les intérêts des deux nations sur la côte septentrionale de ce continent. Une proposition semblable a été faite par Sa Majesté Impériale au gouvernement de la Grande-Bretagne, qui y a accédé de la même façon..... *Dans les discussions auxquelles cet intérêt a donné lieu, et dans les arrangements qui pourront mettre fin au conflit, l'occasion a été jugée bonne d'affirmer comme un principe dans lequel les droits et les intérêts des États-Unis sont compris que les continents américains, par suite de la condition libre et indépendante qu'ils ont assumée et qu'ils maintiennent, n'ont pas à être considérés comme sujets à une colonisation quelconque dans l'avenir, de la part de n'importe quelle puissance européenne* [1] » (§ 7).

---

(1) Message du 2 déc. 1823, *Am. State Papers. For. rel.*, vol. V, p. 246, trad. Devogel dans la *Rev. de dr. int. et de légis. comp.*, 1896, p. 302.

Puis, après de nombreuses considérations sur les sujets les plus divers, il ajoutait :

« Dans les guerres des puissances européennes à propos d'affaires les concernant elles-mêmes, nous n'avons jamais pris aucune part, et il ne s'accorde pas avec notre politique de le faire. C'est seulement quand on empiète sur nos droits ou qu'ils sont sérieusement menacés que nous nous ressentons des injures ou que nous faisons des préparatifs pour notre défense. Quant aux mouvements qui s'opèrent dans cet hémisphère, nous sommes nécessairement plus immédiatement touchés par ceux-ci, et pour des causes qui doivent être évidentes pour tous les observateurs éclairés et impartiaux. Le système politique des puissances alliées est essentiellement différent à ce point de vue de celui de l'Amérique. Cette différence provient de celle qui existe dans leurs gouvernements respectifs. Et toute cette nation est dévouée pour la défense de notre propre gouvernement qui n'a atteint son complet développement qu'au prix de tant de sang et d'argent, sa maturité que grâce à la sagesse de ses citoyens les plus éclairés, et sous lequel nous avons joui d'une félicité sans exemple. Nous devons par conséquent à la franchise et aux relations amicales qui existent entre les États-Unis et ces puissances de déclarer que nous serions disposés à considérer toute tentative de leur part pour étendre leur système politique à quelque portion de cet hémisphère comme dangereuse pour notre paix et notre sécurité. Dans les colonies existantes ou dans les dépendances d'un État européen quelconque, nous ne sommes pas intervenus et nous n'interviendrons pas. Mais quant aux gouvernements qui ont proclamé leur indépendance et qui l'ont maintenue, et dont nous avons reconnu l'indépendance pour des motifs sérieux et d'après des principes équitables, nous ne pourrions voir une intervention quelconque se produire dans le but de les opprimer ou d'exercer un contrôle de quelque autre façon sur leur destinée de la part de n'importe quelle puissance européenne, sans la considérer comme la manifestation d'une disposition hostile à l'égard des États-Unis. Notre politique envers l'Europe, qui a été adoptée dès le début de ces guerres qui ont si longtemps agité cette partie du globe, reste néanmoins la même, à savoir de ne pas intervenir dans les affaires intérieures d'aucune des puissances européennes, de considérer le gouvernement de fait comme le gouvernement légitime pour nous, de cultiver des relations d'amitié avec l'Europe, et d'assurer ces relations par une politique franche, ferme et virile, allant au devant, en toute circonstance, des justes revendications de chaque puissance, et sans se soumettre d'autre part aux injustices d'aucune. Mais, pour ce qui regarde ces continents-ci, les circonstances sont éminemment et visiblement différentes. Il est impossible que les États alliés puissent étendre leur système politique à quelque portion d'un de ces deux continents sans mettre en danger notre paix et notre bonheur, et personne non plus ne peut croire que nos frères du Sud, s'ils étaient laissés à eux-mêmes, accepteraient une intervention étrangère de leur propre accord. Il est également impossible par conséquent que nous puissions contempler une pareille intervention, sous quelque forme qu'elle s'opère, avec indifférence (1) » (§ 48 et 49).

L'effet produit par ce message en Angleterre fut immense : la satisfaction de l'opinion fut exprimée à la Chambre des communes lors de la discussion de l'adresse par sir James Mackintosh et par Brougham (2) (3 février 1824). Le premier affirma « que son plus cher désir était que l'Angleterre et la République Nord-Américaine marchassent toujours unies et défendissent toujours ensemble la cause de la liberté et de la justice ». Brougham déclara qu'à ses yeux la question des colonies espagnoles était enfin résolue, « qu'aucune solution ne pouvait causer plus de joie aux amis de la liberté en Europe ni exciter davantage leur gratitude, et que cette solution, c'était le message du Président des États-Unis ». Et lord John Russell faisait ressortir la différence qu'il y avait entre « ce langage décidé » et les « hésitations » de l'envoyé anglais à Vérone (3). Partout éclatait le sentiment que le message du 2 décembre mettait fin aux desseins « des puissances absolutistes » d'intervenir en Amérique.

(1) Message du 2 déc. 1823, *Am. state papers. For. rel.*, vol. V, p. 250. Traduction de M. Léon Devogel, *Revue de dr. int. et de législ. comp.*, 1896, p. 302 et 303.

(2) Brougham ne devint *lord* Brougham qu'en 1830.

(3) Wharton, *Digest*, § 57, p. 276.

La satisfaction des Américains du Nord fut plus grande encore : Monroë affirmait une théorie qui devait réunir sur le terrain de la politique extérieure tous les Américains, quels que fussent leur origine, leurs aspirations, leur religion. Il achevait l'œuvre constitutionnelle que l'*act* de 1787 avait élaborée au point de vue intérieur ; il venait de fixer les règles de politique extérieure qui s'imposeraient à tous les présidents, et qui, en prenant contre les forts la défense des faibles, feraient des États-Unis la nation protectrice de tout le Nouveau-Monde. Ces règles admirablement souple et flexibles, merveilleusement aptes à s'appliquer à la solution de toutes les questions — pour délicates et complexes qu'elles fussent — montraient le but à atteindre, laissaient le choix sur l'emploi des moyens. Monroë affirmait dans une circonstance solennelle la volonté de tout le peuple américain de ne plus voir s'établir de colonies européennes sur le sol du Nouveau-Monde et de ne pas permettre aux États européens d'intervenir dans les affaires des États américains.

Cette politique avait déjà rencontré des adhérents célèbres. Washington, dans la déclaration de neutralité promulguée lors de la guerre entre la France et l'Angleterre, avait exprimé des sentiments analogues. Dans la fameuse *Adresse d'Adieu* [1], il avait, avec plus de force encore, insisté sur la liberté absolue que devait garder la politique américaine :
« L'Europe, disait-il, a des intérêts de premier ordre qui

______

[1] 17 sept. 1796.

n'ont vraiment aucun rapport ou qui n'ont qu'un rapport éloigné avec les nôtres. Elle peut être engagée dans de fréquentes discussions dont les causes ne nous touchent pas. Donc, il ne serait pas sage de nous lier par des nœuds artificiels aux vicissitudes ordinaires de sa politique et aux combinaisons ou aux collisions qu'engendrent les amitiés et les inimitiés européennes ». Et cette politique de recueillement, d'isolement, avait été scrupuleusement suivie. Les États-Unis avaient toujours refusé de s'intéresser aux questions qui passionnaient l'Europe. Sollicité par la Russie d'adhérer au traité de la Sainte-Alliance du 26 septembre 1815, le président Monroë avait répondu que les affaires de l'Europe ne concernaient point l'Amérique.

La déclaration de Monroë pouvait encore invoquer d'illustres autorités : Jefferson, un des plus éloquents et un des plus valeureux soldats de la liberté, qui avait rédigé en 1776 la Déclaration d'indépendance, qui avait été le troisième président des États-Unis, et qui, par la dignité de sa vie et l'éclat de ses services, jouissait en Amérique d'un prestige extraordinaire, avait été consulté par Monroë, son compatriote et son ami, qui lui avait demandé son avis sur la situation et l'opportunité d'une entente avec l'Angleterre. Et Jefferson avait répondu par une lettre [1] dont voici les plus importants passages : « Notre première maxime fondamentale devrait être de ne jamais nous mêler des disputes de l'Europe ; la seconde de ne jamais souffrir

____

(1) L'insertion dans le *Digest* de Wharton des lettres de Jefferson et de Madison montre l'importance que leur attribuent les Américains.

que l'Europe vienne s'immiscer dans les affaires cis-atlan-
tiques. Tandis que l'Europe travaille à devenir le domicile
du despotisme, notre idéal devrait certainement être de
faire de notre hémisphère celui de la liberté. Une seule
nation (la Grande-Bretagne), plus que toute autre, aurait
pu nous troubler dans la réalisation de cet idéal; elle s'offre
maintenant pour nous conduire, nous aider et nous accom-
pagner à sa poursuite. En accédant à sa proposition, nous
la détachons des ennemis, nous plaçons son poids puissant
dans la balance du gouvernement libre, et nous émanci-
pons d'un coup un continent qui sinon pourrait languir
bien longtemps dans l'incertitude et les difficultés. La
Grande-Bretagne est la nation qui peut nous faire le plus
de tort de tous les pays au monde, et, avec elle de notre
côté, nous n'avons pas à craindre le monde entier. C'est
donc avec elle qu'il nous faudrait entretenir assidûment
une amitié cordiale, et rien ne pourrait tendre davantage
à resserrer le lien de nos affections que de combattre une
fois de plus pour la même cause. Ce n'est pas que je vou-
drais acheter son amitié en prenant part à ses guerres. Mais
la guerre dans laquelle la présente proposition pourrait
nous engager, si une guerre en résultait, serait, non pas la
guerre de l'Angleterre, mais la nôtre. Son but est d'intro-
duire et d'établir le système américain qui consiste à écarter de notre pays toutes les puissances étrangères, à ne
jamais permettre aux puissances européennes de se mêler
des affaires de nos peuples. Il s'agit de maintenir notre
propre principe et non pas de nous en départir; et si, pour

faciliter la réalisation de ce projet, nous pouvons créer
une division dans le corps des puissances européennes et
amener de notre côté son membre le plus puissant, assurément nous devons agir ainsi... Il ne faut pas négliger
l'occasion que nous offre cette proposition de faire connaître notre protestation contre les atroces violations des droits
des nations perpétrées par suite de l'intervention de n'importe qui dans les affaires internes d'autrui, ces violations
que Bonaparte commença si honteusement, et que continue
maintenant l'Alliance qui se donne le nom de Sainte et qui
est aussi peu respectueuse que lui de la loi... » (24 oct.
1823) [1].

Madison, Virginien comme Washington, Jefferion et
Monroë, un des plus éminents fondateurs, lui aussi, de la
grande République dont il avait été deux fois le Président,
fut également prié par Monroë, par l'intermédiaire de Jefferson, de donner son avis sur la question. On lui remit la
correspondance échangée entre M. Rush et Canning et on
lui demanda ce qu'il pensait des négociations en cours avec
l'Angleterre au sujet d'une déclaration possible des deux
gouvernements contre une intervention de la Sainte-Alliance :

« Il est particulièrement heureux, écrivit-il, que la politique de la Grande-Bretagne, bien que guidée par des calculs
différents des nôtres, ait manifesté une coopération avec la
nôtre sur un point donné. Avec cette coopération, nous

---

(1) *Rev. de dr. int. et de lég. comp.*, 1896, trad. Devogel, p. 313.

n'avons rien à craindre du reste de l'Europe; avec elle, nous avons la meilleure assurance de succès pour nos vues louables. Il ne devrait pas, pour ce motif, y avoir aucune répugnance, je pense, à s'associer à l'Angleterre dans la voie qu'elle a proposé de suivre; cependant, on tiendrait compte, évidemment, de l'esprit et de la forme de la constitution à chaque pas fait dans la route menant à la guerre, qui doit être le dernier moyen à employer, au cas seulement où les autres ne produiraient aucun résultat.

Il ne peut y avoir de doute que la proposition de M. Canning, bien qu'elle soit faite avec l'apparence d'une consultation et d'une entente, ne soit appuyée sur une détermination antérieure de suivre la politique indiquée, quel que peut être, d'ailleurs, l'accueil réservé à son invitation. Mais cette considération ne doit pas nous écarter de ce qui est juste et légitime en soi. Notre coopération est due à nous-mêmes et au monde, et tandis qu'elle doit assurer le succès dans le cas d'un appel à la force, elle double les chances de succès dans le cas où cet appel n'aura pas lieu [1] ».

On voit que si le Président Monroë eut la gloire de donner son nom à la doctrine contenue dans le message du 2 décembre 1823, il avait reçu de précieux conseils qui lui avaient été d'un puissant secours. Mais parmi ses illustres collaborateurs, une place d'honneur doit être réservée au secrétaire d'État Adams, qui, six mois avant le message de

---

[1] *Rev. de dr. int. et de lég. comp.*, 1896, article de M. Th. Barclay, p. 508, trad. par M. Devogel.

décembre, formula dans dès termes que Monroë devait reprendre le principe de non-colonisation.

Avec le puissant patronage de Jefferson et de Madison la nouvelle doctrine devait avoir une immense fortune dont nous nous proposons d'étudier les principales phases; sa première application fut un double succès : la Russie renonça à ses prétentions, et, malgré les propositions faites aux cours alliées par le ministre espagnol Hérédia de réunir à Paris une conférence chargée de trancher toutes les questions soulevées par les Américains du Sud, l'attitude décidée de l'Angleterre et des États-Unis obligea la Sainte-Alliance à renoncer à toute intervention dans les États élevés sur les ruines de l'Amérique espagnole [1].

(1) L'Espagne attendit plusieurs années avant de reconnaître les nouveaux États. Si, dès l'année 1836, elle avait rétabli des relations commerciales avec quelques-uns d'entre eux, elle ne reconnut le Chili que le 23 avril 1844, le Vénézuéla, le 30 mars 1845, la République Orientale (Urugay), le 26 mars 1846, Costa-Rica, le 10 mai 1850, Nicaragua, le 25 juillet, la République Dominicaine, le 18 février 1855, le Pérou, en 1879.

PREMIÈRE PARTIE

PRINCIPE DE NON-COLONISATION

Mais avant de rechercher les diverses applications de la doctrine de Monroë dans le cours de ce siècle, il importe d'étudier séparément les deux principaux passages qui la constituent par leur réunion, et d'en déterminer la valeur.

Le simple examen des numéros des paragraphes qui renferment ce qu'on est convenu d'appeler la doctrine de Monroë suffit, comme le fait remarquer M. Moore, à prouver que cette doctrine se rapporte à deux objets différents que leur seul caractère de mesures de défense contre l'Europe a fait réunir sous un même titre. Le § 7 du message du 2 décembre 1823 est relatif à la colonisation que pourraient tenter les États européens sur le sol américain; les §§ 48 et 49 ont trait à l'examen de la politique extérieure des États-Unis et de la Sainte-Alliance et à l'intervention possible des États européens dans les affaires du Nouveau-Monde. Ils avaient d'ailleurs eu des parrains différents :

Adams, nous l'avons vu, avait inspiré le premier passage, Jefferson et Madison, le second.

Le premier passage, relatif à la colonisation des États européens en Amérique, n'a plus guère aujourd'hui qu'un intérêt historique : le territoire tout entier des trois Amériques est en effet approprié et ne peut plus « être considéré comme sujet à une colonisation quelconque »; si les délimitations de territoires et les questions de frontières des colonies européennes peuvent donner lieu à des complications internationales, il serait inexact de prétendre que les États européens peuvent désormais fonder des colonies dans le Nouveau-Monde. La reconnaissance de nos prétentions sur le contesté de la Guyane et l'occupation effective de cette région par la France ne constituerait pas à notre profit un établissement colonial nouveau, mais le rétablissement d'un état de choses ancien dont nous n'avons cessé de réclamer le retour.

La situation était tout autre en 1825.

Les États-Unis n'étaient pas alors l'immense empire que nous voyons aujourd'hui. Leur indépendance datait à peine de 40 ans, et ils étaient en pleine période d'accroissement. En 1803, pour une somme de 16 millions de dollars, ils avaient acheté la Louisiane à la France, triplant leur territoire par cette acquisition. En 1819, pour 5 millions de dollars, ils obtenaient de l'Espagne la cession de la Floride occidentale et de la Floride orientale. Mais le Texas appartenait encore au Mexique; les Anglais leur contestaient dans le Nord de vastes régions; la Russie possédait dans la presqu'île d'Alaska un immense territoire.

De plus, de larges surfaces étaient encore mal connues et ne dépendaient d'aucun état civilisé. Dans le nord, des régions d'une très grande étendue situées à l'ouest du Mississipi, dans le sud, les contrées qui font aujourd'hui partie de l'Équateur, de la Bolivie, de l'Argentine, du Paraguay étaient toujours *res nullius* au point de vue des principes universellement admis du droit international.

Les États-Unis déclaraient que les continents américains ne seraient plus sujets à être colonisés dans l'avenir. Ils respectaient en conséquence — Monroë devait d'ailleurs s'y engager formellement dans la seconde partie de son message — les colonies déjà établies par les États européens. Les Russes restaient donc maîtres incontestés du territoire d'Alaska, des portions tout au moins de ce territoire qui n'étaient pas revendiquées par les États-Unis; l'Angleterre — outre certaines régions contestées dans le nord de l'Amérique septentrionale, et dont la condition provisoirement déterminée en 1818 ne sera définitivement réglée qu'en 1872 — possédait le Canada, Terre-Neuve, les Honduras, les îles Bermudes et les Bahama, la Jamaïque et plusieurs petites Antilles, une partie de la Guyane, et dans l'extrême sud de l'Océan Atlantique, les îles Malouines et la Géorgie du sud. La France qui avait vendu la Louisiane aux États-Unis en 1803 possédait dans l'Amérique du Nord, Saint-Pierre et Miquelon, la Martinique, la Guadeloupe et quelques îlots, et dans le sud la partie de la Guyane que les Portugais venaient de nous rendre en

1817 ; nous contestions de plus depuis le traité d'Utrecht d'immenses territoires au Portugal ; nous devions continuer à les contester au Brésil. Le gouvernement de la Restauration n'avait pas encore reconnu l'indépendance d'Haïti, mais Saint-Domingue était définitivement perdu pour la France qui n'espérait plus obtenir de son ancienne colonie que des avantages commerciaux. — L'Espagne négociait sans espoir pour regagner quelques débris de son magnifique empire détruit ; elle ne gardait plus que Cuba et Porto-Rico. Les Pays-Bas possédaient la Guyane hollandaise, Curaçao et quelques ilôts. Le Danemark avait dans les petites îles de Saint-Thomas, Saint-Jean et Sainte-Croix, d'excellentes stations. La Suède possédait la petite île de Saint-Barthélemy que le traité du 10 août 1877 devait rétrocéder à la France. Enfin, l'îlot de Saint-Martin voyait ses 95 kil. ^{q.} appartenir pour moitié à la France et pour moitié à la Hollande.

En vertu de la doctrine Monroë toute « colonisation » nouvelles de terres américaines était interdite aux États européens, même à ceux qui possédaient déjà des colonies dans le Nouveau-Monde. M. Moore, professeur au Columbia college [1], nous fait remarquer que ce terme « colonisation » correspond aux termes « occupation (settlements) » et « établissements coloniaux » qu'avait employés Adams. « Le mot *colonisation,* ajoute très exactement M. Moore, signifie l'occupation par des émigrants d'une région qui

_____

(1) *Revue de droit international et de législation comparée,* 1896, p. 305.

n'est pas encore sous le contrôle d'une puissance civilisée quelconque, si ce n'est celui de la mère-patrie ». Telle est, de par la définition d'un écrivain américain modéré dans ses jugements, là colonisation que Monroë prétendait interdire aux États européens.

Cette interdiction était-elle possible en droit?

Non, répond sans hésiter l'immense majorité des jurisconsultes.

« Un État, déclare Lawrence, ne peut, de par sa volonté seulement, augmenter les obligations internationales des autres États ». Or, la pratique commune des nations est absolument contraire à une pareille interdiction, et les États-Unis, par une déclaration unilatérale, modifiaient les principes les plus universellement admis du droit international. « Le grand jurisconsulte américain Wheaton, dit M. Arthur Desjardins [1], ne regarde comme légitimes les définitions nouvelles et les modifications apportées aux règles de conduite déduites des rapports nécessaires entre les sociétés humaines que si elles sont établies par l'usage et par le consentement général ». Et après avoir rappelé qu'aucun acte unilatéral ne peut inspirer des principes sanctionnés par le *consensus gentium*, M. Desjardins montre le message Monroë innovant « lorsqu'il disqualifiait les puissances européennes quant à la faculté de coloniser les nouveaux territoires sur le continent américain ».

On sait en effet quelles sont les conditions nécessaires

(1) *Revue de dr. int. public,* 1896, p. 137.

pour qu'un territoire puisse être légitimement occupé et devenir un objet de colonisation. L'accord de tous les jurisconsultes est fait sur ce point[1]. Il suffit que le territoire convoité par un état soit *territorium nullius*, c'est-à-dire susceptible d'occupation, mais non actuellement approprié, et que la prise de possession soit effective et réalisée par l'occupant *animo domini*. A ces conditions, Monroë en ajoutait une troisième pour que les États européens pussent fonder des colonies en Amérique : le consentement des États-Unis.

Mais les conditions déclarées indispensables par la science moderne étaient-elles susceptibles d'être remplies en Amérique en 1823? La question se ramène à celle-ci : y avait-il en 1823 des territoires américains qui fussent encore *res nullius?* S'il y en avait, la première partie du message Monroë constituait une illégalité et un empiètement sur les droits que possèdent les États vis-à-vis des autres États. Tel est l'avis du jurisconsulte américain Dana, dans ses *Notes sur les Éléments du droit des gens* de Wheaton : pour Dana il n'y a là qu'une question de géographie politique, à laquelle nous avons déjà répondu. Cette réponse est d'ailleurs fortifiée par l'autorité du professeur américain Moore qui n'hésite pas à déclarer dans un article que nous avons déjà cité : « Il n'était pas du tout généralement admis que les continents américains fussent alors complètement occupés par des nations civilisées, il y

____

(1) Voir Charles Salomon : *L'Occupation des territoires sans maîtres.*

avait de vastes régions, des territoires entiers où des sujets d'États civilisés ne s'étaient encore jamais fixés ».

Telle est encore, pour ne citer que les auteurs les plus récents, l'opinion de M. Mérignhac[1] qui déclare l'interdiction de colonisation de Monroë « absolument contraire au droit des gens ». « Il n'est pas admissible, dit-il encore, qu'une nation d'un continent ferme ce continent à la colonisation des peuples d'autres hémisphères ».

M. Charles Salomon[2], auteur d'un des plus complets ouvrages qui aient été écrits sur l'Occupation des territoires sans maîtres, n'hésite pas à affirmer que cette déclaration est « inutile ou abusive : *inutile*, si au moment où elle a été proclamée tout le territoire américain était réellement soumis à une souveraineté et n'offrait plus de *res nullius; abusive* s'il en était autrement. Or, il nous semble plus que probable qu'en 1823 le vaste territoire américain offrait encore des étendues non appropriées. S'il en avait été autrement, la doctrine de Monroë n'aurait pas été promulguée. Se représente-t-on la France par exemple, notifiant aux autres puissances que son territoire ne saurait faire l'objet d'une occupation? » Et M. Salomon ajoute : « malgré la doctrine Monroë qui n'a jamais lié personne et qui n'est pas une règle de droit international, la prise de possession d'un territoire situé dans le continent américain, même par une puissance européènne,

---

(1) Mérignhac, *La doctrine de Monroë à la fin du xixe siècle, Revue du droit public et de la science politique,* 1896, p. 206.

(2) Charles Salomon, ouvrage cité, p. 252.

pourra constituer une occupation juste, pourvu que ce territoire corresponde à la notion ordinaire de la *res nullius* ».

Enfin, M. Arthur Desjardins s'élève éloquemment contre la prétention de Monroë : « Parmi les nations déchues du droit de coloniser, dit-il, plusieurs figuraient elles-mêmes au nombre des puissances américaines, la France, l'Angleterre, l'Espagne, les Pays-Bas, le Danemark, etc... D'après le droit international coutumier, tout ce qui était permis aux États-Unis hors des États-Unis l'était généralement aux autres peuples et particulièrement à ces peuples installés dans le Nouveau-Monde avant qu'eût été promulguée la constitution fédérale de 1787. La diversité des races, la dissemblance des langues, l'étendue des territoires possédés dans un autre hémisphère n'engendraient par elles-mêmes aucune incapacité. Enfin les procédés de colonisation employés par les États-Unis en 1829 et en 1830 à l'égard des Cherokées, de 1834 à 1866 à l'égard des Séminoles ne furent pas de nature à justifier, après coup, la proclamation d'un tel monopole » [1].

Telle est en effet la doctrine presque universellement admise : l'immense majorité des auteurs refuse de reconnaître au premier passage de la doctrine de Monroë tout caractère juridique.

Devant cette déconcertante quasi-unanimité, quelques jurisconsultes américains ont émis l'opinion qu'il pouvait exister des règles de droit spéciales à l'Amérique, inappli-

---

[1] *Revue de dr. int. public*, 1896, p. 149.

cables à l'Europe. M. Amancio Alcorta, professeur de droit international à l'Université de Buénos-Ayres, a formulé cette objection dans les termes suivants que M. Mérignhac estime à juste titre « un peu énigmatiques » : « sans prétendre, dit M. Alcorta, qu'il y ait un droit national essentiellement américain, il faut reconnaître qu'il existe, et que, soit dans les relations des États de l'Amérique, soit dans leurs rapports avec les États de l'Europe, il convient d'en tenir compte, si l'on ne veut pas s'exposer aux plus graves erreurs. » Nous ne saurions trop nous élever contre une pareille prétention dont l'admission serait de nature à justifier ou à tolérer les plus criants abus. Si l'on admet un droit américain, qui n'admettrait-on demain un droit africain, un droit asiatique, un droit océanien? Bornons-nous à relever contre les paroles de M. Alcorta la protestation que Lawrence avait faite contre une affirmation semblable : « Si l'on entend par doctrine de Monroë quelque règle de droit public spécialement adaptée au continent américain, on tombe dans une application entièrement insoutenable. Le droit des gens est d'une application universelle dans toute la chrétienté. Il ne peut exister de droit particulier pour l'Europe et un pour l'Amérique ». Il était impossible de convenir plus nettement que ne l'a fait M. Alcorta de la différence qui existe entre un principe de politique et un principe de droit. L'interdiction de colonisation, le principe de non-colonisation comme on l'a appelé, ne peut être justifié que par l'existence d'un gigantesque protectorat des États-Unis sur les trois Amériques. C'est une hypothèse que nous étudierons dans la seconde partie de ce travail.

C'était au nom de « leurs droits et de leurs intérêts » que les Américains du Nord prétendaient interdire à l'Europe de fonder de nouveaux établissements coloniaux dans le Nouveau-Monde.

Cette interdiction, inadmissible en droit, comme nous venons de le voir, se serait comprise en fait s'il ne s'était agi que des territoires limitrophes de la frontière fédérale que les États-Unis auraient pu craindre voir annexés par la Russie ou par l'Angleterre. Mais elle est infiniment plus vaste et s'applique « aux continents américains ». Si les Français, dépassant les frontières du Contesté, s'étaient établis sur la rive droite de l'Amazone, ou si les Hollandais prenant comme point de départ leur colonie de Curaçao avaient fondé des comptoirs sur les bords du lac Maracaïbo, on a peine à voir en quoi « les droits et les intérêts » des États-Unis auraient été atteints. Ils ne pouvaient invoquer leurs droits que sur le seul territoire que les Russes venaient d'annexer et qu'ils revendiquaient comme leur appartenant. Leurs intérêts, semble-t-il, n'avaient pas davantage besoin d'être défendus : les territoires les plus riches n'étaient certainement plus des *res nullius* en 1823 et les Américains du Nord ne pouvaient pas croire sérieusement à la création dans le Nouveau-Monde d'une colonie européenne qui pût menacer leur sécurité ou leur développement.

D'après M. Moore, c'est au point de vue commercial que

les Américains avaient intérêt à interdire le développement
de la colonisation européenne en Amérique. Sans doute le
pacte colonial qui défendait alors aux colonies européennes toute relation économique avec une autre puissance
qu'avec leurs métropoles — l'oukase du 28 septembre 1821
venait de faire la même défense — ne pouvait être que
défavorable aux intérêts commerciaux des États-Unis. Mais
cette interdiction de colonisation n'était faite que « pour
l'avenir » et le commerce de l'Amérique du Nord, encore
bien peu développé, trouvait sur son propre sol des débouchés suffisants. Monroë ne s'excusait-il pas en quelque
sorte de la faiblesse des raisons qui motivent ce passage de
son message en disant que cette question, si elle intéressait « les droits et les intérêts » des États-Unis, n'affectait
pas « leur pain et leur sécurité ». Nous avons peine à croire
sincères les craintes du sénateur Allen de l'Ohio qui déclarait le 14 janvier 1846 que « tout effort des puissances de
l'Europe pour étendre le système européen de gouvernement sur ce continent par l'établissement de nouvelles colonies serait incompatible avec l'existence indépendante
des nations et dangereuse pour les libertés du peuple d'A-
mérique [1] ».

En réalité, c'est en vertu d'une sorte de domaine éminent qu'ils s'attribuaient sur toutes les terres américaines,
en vertu d'une sorte de protectorat tacite, que les États-
Unis voulaient interdire à l'Europe de coloniser en Amé-

____

(1) *Revue de dr. int.,* Moore, p. 318.

— 34 —

rique : M. Clay, successeur d'Adams au secrétariat d'État[1], écrivait à M. Poinsett, ministre américain à Londres, qu'on ne pouvait plus appliquer actuellement à l'occupation de l'Amérique les principes qui avaient servi de base à cette occupation au moment de la découverte du Nouveau-Monde : « Les territoires, dit-il, sur lesquels on voudrait aujourd'hui établir une colonisation nouvelle sont désormais la propriété de tous les Américains, et ceux-ci ne peuvent être contraints d'accepter un régime colonial étranger. L'Europe qui repousserait certainement avec indignation toute tentative d'implanter chez elle des colonies est moralement obligée de respecter et de reconnaître le même droit chez les peuples d'Amérique ». M. Clay oubliait la géographie politique de l'Amérique, et, comme Monroë, il méconnaissait aux Guyanais français ou hollandais le droit de coloniser des territoires *res nullius* qu'il reconnaissait aux Brésiliens ou aux Vénézuéliens.

Le *consensus gentium,* que nous avons vu nécessaire pour légitimer un si étrange principe, ne fut jamais obtenu. Les peuples américains eux-mêmes, si directement intéressés à confirmer une déclaration faite en leur faveur n'y adhérèrent jamais, le Congrès de Panama ayant échoué, nous le verrons plus tard, par suite de la mauvaise volonté des Américains du Nord. Jamais, est-il besoin de le dire, un État européen n'admit un principe formulé contre lui.

(1) Calvo, I, p. 296.

L'Angleterre, directement intéressée, protesta avec une particulière énergie, le passage concernant l'interdiction de colonisation lui étant aussi défavorable que le passage relatif à la non-intervention secondait ses intérêts. Ce passage était, d'ailleurs, en complet désaccord avec le traité de 1818 qui laissait pour dix ans d'immenses régions soumises à l'autorité commune des deux pays. Canning réclama avec hauteur, et ses agents déclarèrent au Gouvernement de Washington « que l'Angleterre considérait tous les territoires inoccupés d'Amérique comme ouverts à ses futurs établissements de la même façon que précédemment par occupation ou priorité de découverte ».

Mais, sur le point spécial qui avait amené la déclaration de Monroë, les États-Unis remportèrent un succès : malgré l'abstention de la diplomatie britannique formellement hostile au nouveau principe de non-colonisation, ils firent reculer les Russes sur la côte ouest, et par un traité du 17 avril 1824, le Tzar Alexandre renonça à ses prétentions [1].

Les Américains ne tardèrent pas à s'apercevoir que la doctrine de Monroë pouvait leur imposer les plus graves et les plus lourdes obligations. Si les États-Unis déclaraient que les continents américains n'étaient plus susceptibles d'être colonisés par les puissances européennes, ils s'engageaient par le fait même à s'opposer à toute tentative de colonisation d'un État européen. M. Adams, successeur de Monroë à la présidence des États-Unis, résolut de donner

(1) Lesur, 1824, p. 389 ; Wheaton, II, 311.

de la doctrine de son prédécesseur une interprétation conforme aux déclarations qu'il avait faites lui-même à **M. Rush**, déclarations dont Monroë, on l'a vu, s'était si largement inspiré. Bolivar venait de convoquer à Panama un Congrès de tous les États du Sud et il avait invité les États-Unis à s'y faire représenter : un des points qui devaient être particulièrement étudiés était précisément la doctrine de Monroë.

Adams vit le danger que courrait son pays s'il s'engageait à garantir les États du Sud contre les périls que pourrait leur faire courir toute nouvelle colonie européenne. Il montra la plus grande hésitation à envoyer des délégués à Panama et résolut de limiter strictement leurs pouvoirs. On pourrait, disait-il, traiter dans le Congrès « d'une convention entre toutes les parties représentées à l'assemblée, que chacun se gardera *par ses propres moyens* contre l'établissement d'une colonie européenne dans l'intérieur de ses frontières » (message du **26 décembre 1825**) [1]. Mais il ne voulait pas qu'on pût croire qu'il reniait la populaire doctrine de Monroë, modifiée si singulièrement; c'était sous le nom de Monroë qu'il voulait faire prévaloir une nouvelle doctrine Adams, et il ajoutait aussitôt : « Cela a été, il y a plus de deux ans, annoncé au monde par mon prédécesseur comme un principe résultant de l'émancipation des deux continents américains. On devrait développer ce principe aux nouvelles nations du Sud, de façon qu'elles

____

(1) Moore, p. 307 et s.

le regardassent toutes comme une conséquence essentielle de leur indépendance ». Et quelques mois après, dans un nouveau message du 15 mars 1826, M. Adams déclarait « que si l'on croyait nécessaire de contracter quelque engagement conventionnel sur cette matière, nos vues ne s'étendraient pas plus loin qu'une affirmation mutuelle des parties de l'union de maintenir l'application du principe sur son propre territoire ».

Cette doctrine Adams était absolument conforme aux principes du droit international. Elle était invoquée dans les instructions du secrétaire d'État M. Clay aux envoyés américains à Panama. M. Clay se montrait, nous l'avons vu, hostile à toute colonisation européenne nouvelle, mais il n'entendait pas que les États-Unis fussent obligés de garantir l'exécution des principes de Monroë : « on n'a pas l'intention d'obliger les parties qui pourraient s'entendre pour signer cette déclaration commune à garantir les frontières particulières qui pourraient être réclamées par une de ces parties, et l'on ne propose pas non plus de les préposer à une résistance commune contre toute tentation future d'établir une nouvelle colonie » (8 mai 1826).

L'insuccès du congrès de Panama empêcha toute application de ces principes, mais les passages que nous venons de citer suffisent à prouver que la doctrine de Monroë, relative à la colonisation, était, dès l'année 1825, interprétée dans un sens infiniment moins absolu et moins agressif pour l'Europe par Adams que par Monroë; les États-Unis engageaient seulement chaque gouvernement américain à déclarer que son territoire ne pourrait plus être colonisé par une puissance européenne. Cette déclaration était d'ailleurs absolument inutile, les deux idées de colonisation et de souveraineté territoriale (cette dernière idée inhérente à la notion même d'État), étant incompatibles. D'ailleurs, elle devait avoir avec les années des occasions de moins en moins nombreuses d'être appliquée.

I

Affaire de Guatémala.

La première affaire dans laquelle le principe aurait pu être invoqué s'éleva en 1835 au sujet des empiètements du Gouvernement britannique dans l'Amérique centrale.

Les anglais possédaient depuis deux siècles dans cette région les établissements qui portent aujourd'hui le nom de Honduras britannique : le rio Belise sur lequel a été construite la ville de Belise, chef-lieu de ces établissements, avait été exploré en 1640 par le corsaire Wallis, venu de la Jamaïque, et les Espagnols, n'ayant pu expulser les Anglais de ces rivages, avaient dû leur connaître le droit de s'y établir sous leur suzeraineté.

Cette suzeraineté n'avait jamais été admise par les gouverneurs britanniques qui étaient restés seuls maîtres de Belise, s'agrandissant aux dépens des tribus indiennes voisines. La création de l'État libre du Guatémala aurait dû rendre des accroissements ultérieurs impossibles, mais les

Anglais continuaient à considérer comme *res nullius* le territoire du nouvel État. Celui-ci fit entendre à plusieurs reprises des protestations qui ne furent pas écoutées; comprenant l'impossibilité d'obtenir justice par ses seules forces, il fit appel à la médiation du Gouvernement de Washington « *parce qu'il avait toujours été de la politique des États-Unis de prévenir les établissements coloniaux européens en Amérique et de leur résister* ». Il semblait bien que la doctrine de Monroë fut ici applicable, mais les intérêts des États-Unis ne leur commandaient pas d'intervenir : le président Jackson refusa de s'occuper de cette question.

Les frontières du Honduras britannique ne devaient être fixées qu'en 1859.

II

Affaire de la République dominicaine.

Une application du principe de non-colonisation eut lieu en 1861, à cette époque, en effet, le gouvernement des États-Unis protesta contre l'union de la République dominicaine à l'Espagne.

La Dominicaine, partie orientale de l'île d'Haïti était demeurée colonie espagnole, alors que la partie occidentale de l'île passait sous la domination française ; elle se révoltait contre l'Espagne pendant que sa voisine se révoltait contre la France, et les deux anciennes colonies latines se réunissaient pour former l'État d'Haïti, puis se séparaient peu après en deux républiques indépendantes (22 novembre 1844). Leur faiblesse et leurs luttes intérieures rassuraient l'ombrageuse susceptibilité des États-Unis, qui intervenaient en 1851 avec l'Angleterre et la France pour ramener la paix entre les deux États noirs. Enfin, après une longue période de sanglantes guerres civiles, le Président Dominicain, Santana, soumettait son pays à l'autorité espagnole, et un décret de la reine Isabelle du 19 mai 1861 prononçait le retour à l'Espagne de son ancienne colonie.

Les États-Unis, paralysés alors par la guerre de Sécession, se bornèrent à des protestations diplomatiques au nom de la doctrine de Monroë violée. Certes, le retour de la Dominicaine sous la domination espagnole ne pouvait en rien menacer leurs intérêts, et l'Espagne ne procédait pas à une conquête oppressive ou injuste, puisque le chef du gouvernement régulier dominicain remettait librement son pays au gouvernement espagnol; les États-Unis n'en protestèrent pas moins vivement au nom des principes de Monroë et du respect qui était dû, d'après eux, à tous les États libres de l'Amérique.

Mais ils devaient reconnaître comme licite toute annexion faite à leur profit, alors que toute cession de territoire faite au bénéfice d'un tiers était par eux interdite. Dès que les insurrections eurent obligé l'Espagne à évacuer la Dominicaine, le gouvernement de Washington signa avec la petite République noire un traité portant cession immédiate en faveur de l'Union de la baie de Samana et cession éventuelle du territoire tout entier, 1869.

Cette cession ne s'est d'ailleurs point réalisée; le Sénat ne fut pas sérieusement arrêté par des considérations juridiques, mais le vote d'un grand nombre de ses membres fut dicté par un sentiment d'hostilité contre le président Grant; d'autres sénateurs craignirent que l'annexion d'un territoire habité par des noirs indisciplinés et fanatiques de guerres civiles ne fut pour l'Union une cause d'embarras et de dépenses : le traité d'annexion fut repoussé, et la baie de Samana dut être restituée. Mais le président Grant ne reconnut pas sa défaite, et, dans ses messages de mai et de décembre 1870, il insista, inutilement d'ailleurs, sur la nécessité de prévenir le retour possible d'une cession de Saint-Domingue à une puissance européenne, cession qui serait, d'après lui, contraire à la doctrine de Monroë.

III

Affaire de l'Orégon.

La plus importante assurément de toutes les questions soulevées par le principe de non-colonisation a été réglée seulement en 1872 par le fameux traité relatif aux *Alabama Claims,* et elle a été réglée d'une manière formellement contraire aux prétentions de la doctrine Monroë.

Il s'agissait de ces territoires du nord de l'Amérique qu'un traité de 1818 avait laissé soumis pour 10 ans à l'autorité commune des États-Unis et de l'Angleterre. Mais l'origine de cette question était plus lointaine encore,

« cette contestation, dit M. Caleb Cushing, était un vestige
de la dernière guerre entre les États-Unis et la Grande-
Bretagne et remontait par ses causes lointaines à la colonisation primitive de l'Amérique du Nord par les Européens ».

Elle devait donner lieu à des débats interminables et à
des discussions passionnées.

Un règlement faillit intervenir en 1845. A cette époque,
en effet, les Américains avaient atteint les lointaines frontières qu'ils s'étaient attribuées, et ils désiraient encore les
reculer au Nord et au Sud. La doctrine de Monroë leur
fournissait un excellent motif d'action pour empêcher les
Anglais de garder la possession exclusive des territoires
contestés du Nord. Le président Polk venait d'arriver au
pouvoir avec le désir hautement exprimé de terminer les
« affaires de l'Orégon », et « l'affaire du Texas ».

Sans doute, en 1826, lors de la discussion au sujet de
l'envoi de plénipotentiaires américains au Congrès de Panama, Polk avait déclaré que la doctrine de Monroë était
« la simple expression de l'opinion de l'exécutif, destinée
à produire un effet sur les conseils de la Sainte-Alliance »,
mais ses idées s'étaient modifiées au pouvoir et il entendait
faire bénéficier ses desseins de l'autorité considérable qui
s'était attachée au nom de Monroë. En même temps qu'il
rééditait la doctrine, il lui faisait quelques additions qui
en complètent singulièrement le sens : « Il y a près d'un
quart de siècle, dit-il, le principe fut clairement annoncé
au monde par un de mes prédécesseurs que *les continents*

américains, en raison de la condition libre et indépendante
qu'ils ont su atteindre et qu'ils maintiennent, ne peuvent
pas dès lors être sujets à une colonisation future de la part
d'aucune puissance européenne. Ce principe s'appliquerait
avec bien plus de force encore si une puissance européenne quelconque essayait d'établir une nouvelle colonie
dans l'Amérique du Nord... Les droits existants de chaque
nation européenne doivent être respectés, mais, d'autre
part, il est dû à notre sécurité et à nos intérêts que la protection efficace de nos lois puissent s'étendre sur nos limites territoriales entières, et qu'il soit nettement annoncé au
monde comme notre politique établie qu'aucune colonie
ou domination européenne, dans l'avenir, ne pourra, avec
notre consentement, se fixer ou s'établir dans quelque
partie du continent de l'Amérique du Nord » [1].

Cette déclaration modifiait considérablement la doctrine
de Monroë. Celui-ci s'était prononcé seulement contre la
colonisation européenne en Amérique ; Polk interdisait à
l'Europe toute *domination* en Amérique, c'est-à-dire
« toute acquisition par transfert volontaire ou par conquête
d'un territoire déjà occupé ». « Il affirmait, dit M. Moore,
quelque chose qui devait être appelé la doctrine Polk plutôt que la doctrine de Monroë ». Mais en même temps le
président Polk donnait à la nouvelle doctrine une sphère
d'application beaucoup moins étendue que la sphère d'ap-

______

(1) Sen. Doc., I, 29ᵉ cong., 1ʳᵉ sess., p. 14. *Revue de dr. int. et de lég.*
comp., 1896, p. 317.

plication de Monroë car il la restreignait à la seule Amérique du Nord tandis que Monroë avait interdit à l'Europe la colonisation « des continents américains ».

De vives protestations s'élevèrent au Sénat : quelques sénateurs louèrent le président de sa « prudence », d'autres la lui reprochèrent; par 26 voix contre 21, le Sénat adopta une résolution de M. Allen, de l'Ohio, portant que « l'établissement de nouvelles colonies serait incompatible avec l'existence indépendante des nations et dangereuse pour la liberté des peuples d'Amérique, et par conséquent provoquerait une prompte résistance de la part des États-Unis, résistance qui serait justifiée par le droit de légitime défense ».

Il semblait que ce fut un retour pur et simple à la doctrine de Monroë. La résolution Allen avait eu cependant d'illustres adversaires, parmi lesquels Daniel Webster et Calhoun. Ce dernier qui avait été le secrétaire de l'administration de la guerre sous la présidence de Monroë pendant qu'Adams était secrétaire d'État, par conséquent en mesure d'être bien informé expliquait, en ces termes, l'origine de la déclaration de Monroë.

« Cette déclaration au sujet de la colonisation européenne, disait-il, n'est jamais devenue le sujet d'une déclaration de Cabinet; elle fut l'œuvre du seul M. Adams et ne fut point soumise au Cabinet. Elle n'est point exacte non plus, car l'Angleterre avait, à cette époque, une plus grande portion du continent américain que les États-Unis eux-mêmes et d'autres puissances avaient aussi des territoires dans la partie méridionale ». Et il ajoutait « qu'il fallait limiter la doctrine Monroë aux conditions auxquelles elle avait été faite, sinon elle impliquerait l'absurdité de prétendre que la tentative de n'importe quel État européen d'étendre son système de gouvernement à ce continent, la plus petite comme la plus importante, mettrait en danger la paix et la sécurité du pays » [1].

Il semblait qu'après le vote de la résolution Allen, le président Polk dut conduire les négociations avec la dernière énergie. Il n'en fut rien : par une suite de contradictions qui n'est pas sans exemple dans l'histoire politique américaine, la résolution Allen connue sous le nom de guerre de « fifty four forty or fight » continua de dormir, et M. Polk qui avait déclaré les titres des États-Unis sur tout le territoire de l'Orégon « clairs et hors de toute discussion » accepta comme frontière la ligne du 49° de latitude nord. Il est vrai qu'il trouvait pour justifier sa conduite d'autres passages de la doctrine Monroë : « Personne ne crut, dit M. Moore, qu'en cédant la moitié de ce territoire de plus de 500 milliers de milles carrés, les États-Unis mettaient en danger leur paix et leur sécurité ».

Mais la question n'était pas épuisée : le traité stipulait que « la ligne de démarcation entre les territoires des États-Unis et ceux de Sa Majesté Britannique, depuis le point sur le parallèle du 49° de latitude nord jusqu'où elle a été déjà établie — sera continuée vers l'ouest le long du-

---

(1) *Rev. de dr. int. et de lég. comp.*, art. de M. Barclay, 1896, p. 515.

dit parallèle latitude nord jusqu'au milieu du chenal qui sépare le continent de l'île de Vancouver, et, de là, vers le sud au milieu dudit chenal et du détroit de Fuca jusqu'à l'Océan Pacifique ». Les commissaires des deux États ne parvinrent point à s'entendre, le commissaire britannique soutenait qu'en vertu du traité dont nous venons de citer un article, la frontière devait être tracée au milieu du canal de Rosario; le commissaire américain prétendait en vertu du même traité que la frontière devait suivre le milieu du canal de Haro. Après de longues discussions, les deux puissances convinrent de s'en remettre à la décision d'un arbitre, et prirent choix de l'Empereur d'Allemagne en lui confiant le soin de déterminer la frontière définitive. Sur le rapport de MM. Grimm, Kiepert et Goldschmidt, l'Empereur d'Allemagne décida le 21 octobre 1872 que la prétention des États-Unis était fondée. Cette décision arbitrale leur donnait la possession de certaines îles importantes, comme l'île San-Juan, qui seraient devenues possessions britanniques si la passe de Rosario avait été adoptée comme frontière. « Le jugement, dit le Message présidentiel du 2 décembre 1872, laisse pour la première fois dans leur histoire comme nation les États-Unis sans contestation de frontières avec la Grande-Bretagne ».

La joie des Américains fut très grande. « En acceptant l'arbitrage, dit excellemment M. Mérignhac, l'Union s'exposait à perdre par une décision contraire de l'arbitre le territoire que cet arbitre lui a attribué, et à le voir passer aux mains de l'Angleterre dont les possessions continentales se seraient ainsi augmentées avec le consentement des États-Unis, contrairement à la première partie de la doctrine de Monroë » (1).

Cet arbitrage mettait fin aux contestations que pouvait soulever la première partie de la doctrine de Monroë. Il ne saurait en effet plus être désormais question de colonisation du territoire américain, la contestation tranchée par la sentence arbitrale de l'Empereur d'Allemagne n'était elle-même qu'un vestige du passé.

Le premier passage de la doctrine de Monroë dont nous venons de terminer l'étude, ne concernait d'ailleurs pas les colonies que les États européens possédaient dans le Nouveau-Monde en 1823 ; il ne concernait que les colonies qui pourraient être fondées depuis sa promulgation. Nous trouverons dans la seconde partie de ce travail, l'étude des difficultés auxquelles ont donné lieu les anciennes colonies européennes en Amérique.

En résumé, le premier point de la doctrine de Monroë n'a jamais eu beaucoup d'importance, et son intérêt est exclusivement théorique.

Il est contraire, nous l'avons vu, aux principes universellement admis du droit international, car un État ne peut modifier la situation des territoires qui ne lui appartiennent pas sans l'assentiment de l'État intéressé, et jamais

____

(1) *Revue de dr. public,* 1896, p. 207.

aucune puissance n'a reconnu ce principe de non-colonisation que les États-Unis voulaient imposer à l'Europe sur le
continent américain.

Il n'a d'ailleurs jamais eu d'application pratique. Adams,
qui en était le véritable auteur, a essayé, dès l'année 1826,
d'en restreindre considérablement la portée : il n'engagerait plus les États-Unis pour toute l'étendue du continent,
mais il serait repris pour son propre compte par chaque
État Sud-Américain. En 1835, le président Jackson refusa
de l'appliquer. Polk le restreignait à l'Amérique du Nord,
mais il en étendait le sens, puisqu'il prétendait, par lui,
interdire à l'Europe non plus seulement toute colonisation,
mais toute acquisition de terre, par quelque mode que ce
fût, par achat, cession ou vente, dans l'Amérique du
Nord. Le Président Grant ne put le faire adopter par le
Sénat dans l'affaire de la Dominicaine. Enfin, en 1872,
l'acceptation de l'arbitrage de l'Empereur Allemand fit
courir aux États-Unis le risque de voir l'Angleterre établir
une colonie sur une terre américaine.

L'examen du premier point de la doctrine de Monroë
nous montre donc qu'il n'a exercé aucune action sérieuse ;
l'appropriation de toutes les terres américaines en rend
d'ailleurs désormais toute application impossible.

DEUXIÈME PARTIE

PRINCIPE DE NON-INTERVENTION

Valeur juridique de l'ensemble de la doctrine.

Arrivons maintenant à l'étude du passage de la même doctrine qui dénie aux États européens le droit d'intervenir dans les affaires des Républiques américaines et qui règle les rapports de la grande République à l'égard des colonies européennes d'Amérique. L'étude de ce passage constituera la plus grande partie de notre travail. Son importance a été autrement considérable que celle du principe de non-colonisation, et, pour un certain nombre d'auteurs, il renferme à lui seul toute la doctrine de Monroë. Son application est d'une portée si universelle qu'il suffit à indiquer une solution à toutes les difficultés que peut rencontrer la diplomatie américaine. Mais la doctrine de Monroë a-t-elle une règle d'une portée impérative, ou, grâce à sa complexité, permet-elle à ses hommes d'État d'intervenir à leur gré ou de s'abstenir? quelles ont été ses principales applications? quel est son avenir? tout au moins dans la mesure où l'observation du passé permet de le présager :

telles sont les principales questions que nous nous proposons d'étudier.

I.

L'étude de son caractère juridique ne nous arrêtera pas longtemps : il n'est pas douteux, en effet, qu'on ne doive lui refuser le caractère de loi internationale; nous en avons donné la preuve dans la première partie de ce travail. Sans doute, les lois qui fixent les rapports des nations entre elles n'ont pas la précision et la fixité des lois qui régissent les rapports des individus, mais les caractères indispensables à l'établissement d'une loi internationale font ici défaut. Nous ne trouvons, lorsque nous envisageons la doctrine de Monroë, ni l'accord exprès des États, ni l'accord tacite, confirmé par une longue suite de faits qui donnent à un précédent, par une sorte de prescription, la légitimité et l'autorité d'une loi. Jamais congrès de diplomates n'a ratifié la doctrine de Monroë dans cette période de la Restauration où la volonté de l'Europe faisait de l'intervention un procédé régulier et normal de gouvernement. Tous les États au contraire ont protesté contre elle; les États Sud-Américains eux-mêmes, en faveur de qui elle paraissait faite, ne l'ont jamais tous officiellement reconnue [1].

(1) Voir le Congrès de Panama.

D'autre part, l'importance de cette doctrine lui vaut une place à part dans l'histoire des rapports des nations ; si elle n'est pas une loi internationale, elle mérite du moins un rang spécial dans l'histoire des manifestations politiques que les hommes ont essayé de revêtir d'un vernis juridique.

II.

Est-ce au moins une doctrine nationale qui règle d'une façon impérative la politique des États-Unis ? Elle est, nous l'avons vu, tout entière contenue dans le Message Présidentiel du 2 décembre 1823.

On sait que ce sont les messages du Président des États-Unis. La Constitution les prévoit en ces termes. « Le Président donnera de temps à autre au Congrès des informations sur l'état de l'Union, il lui fera les propositions qu'il aura jugées nécessaires ou utiles ». Le message est le seul moyen régulier qui permette au Président d'indiquer ses vues aux représentants du pays. La responsabilité ministérielle en effet n'existe pas aux États-Unis ; les ministres, qui ne sont en réalité que les secrétaires du Président, sont choisis par lui sous le contrôle très vague du Sénat ; ils n'ont pas entrée dans les Chambres, et ils ne communiquent officiellement que par lettre avec les présidents des différents comités qui se partagent les affaires dans les deux assemblées.

Le Président des États-Unis n'a aucune initiative en matière législative, et il ne peut que soumettre au congrès par voie de messages les projets dont l'étude lui paraît nécessaire. On a parfois rapproché le message du Président américain et le discours du trône par lequel les chefs des États monarchiques communiquent au Parlement à l'ouverture des sessions leurs vues sur les principaux événements de la politique intérieure et extérieure; il y a entre le message et le discours du trône une grande différence : le discours du trône appelle une réponse que les Chambres donnent dans l'Adresse, le message au contraire n'a aucune sanction.

Cependant, la situation, très considérable, du Président aux États-Unis donne au message une importance particulière.

Le Président, pendant les quatre années que dure sa magistrature, est en effet beaucoup plus puissant que les chefs de la plupart des États monarchiques, et un publiciste anglais, M. Bagehot, a pu dire avec justesse que les États-Unis étaient « une République présidentielle ». « Élu du peuple tout entier, chef incontesté de ses ministres qui ne sont pas atteints par le vote des Chambres investi d'un droit de vote presque prohibitif [1] dont il n'hésite pas à

(1) Tout bill auquel le Président a refusé sa sanction est renvoyé à la Chambre dans laquelle il a été proposé, et une majorité des 2/3 des voix dans les deux Chambres est nécessaire pour forcer la main du Président. Or, cette majorité des 2/3, exigée par la constitution pour obliger le Président à sanctionner un bill qu'il avait précédemment refusé, n'a presque jamais pu être réunie : une seule fois sous le président Tyler, une fois

faire un large usage (1), le Président des États-Unis possède une énorme puissance : la procédure de l'*impeachment* peut seule l'atteindre et le mettre en accusation ; mais cette ressource est presque illusoire, car elle exige pour réussir la majorité des 2/3 des sénateurs ; appliquée une seule fois depuis la promulgation de la constitution, elle s'est terminée en 1865 par l'acquittement du président Johnson.

La très grande autorité du Président des États-Unis se manifeste surtout en matière de politique extérieure. « Dans les relations avec les puissances étrangères, écrit le duc de Noailles, le Président représente seul les États-Unis, en dehors des traités soumis à l'approbation sénatoriale ; il dirige la politique extérieure selon ses vues personnelles. Dès l'origine, Washington prit à l'égard de l'Angleterre une attitude vivement blâmée par la Chambre des représentants et par une grande partie de la nation. Ni les attaques parlementaires, ni les protestations publiques ne firent dévier le Président de la ligne de conduite qu'il s'était tracée tout d'abord. Le traité de 1795, dûment ra-

sous Hayes, une fois sous Arthur, quatre fois sous la première présidence de M. Cleveland (Desjardins).

(1) M. Jackson renvoya 11 bills au Congrès, Tyler 10, Johnson 13, Hayes 9 ; Cleveland dépassa tous ses prédécesseurs réunis. Pendant les quatre années de sa première présidence, il opposa son veto à 301 bills. A vrai dire, un grand nombre de ces bills étaient des projets d'intérêt privé, accordant, sous de frivoles prétextes, des pensions à des prétendus soldats de l'armée du Nord « Arthur Desjardins : le Président de la République aux États-Unis. *Le Correspondant*, 25 février 1897 ».

tifié, devint la loi du pays ». Mais le consentement du Sénat auquel fait allusion le duc de Noailles est seulement nécessaire pour l'acceptation définitive des traités; le Président reste toujours libre de suspendre la négociation en cours, et même de rejeter une convention diplomatique déjà conclue.

On peut mesurer dès lors l'immense autorité qui s'attache aux déclarations présidentielles, surtout quand elles ont trait à des matières de politique extérieure. Cependant, ce pouvoir considérable, presque tout-puissant lorsqu'il s'agit d'empêcher la promulgation d'une loi, ne saurait suffire pour créer une loi. Pour créer une loi en effet, il faut l'accord du Sénat et de la Chambre des représentants et la promulgation du Président; le concours de ces trois volontés est indispensable, sauf pour la conclusion d'un traité, pour lequel l'accord du Président et du Sénat suffit. Mais, dans aucun cas, le Président ne peut à lui seul créer la loi; si le pouvoir législatif ne peut que dans des circonstances extrêmement difficiles forcer la main de l'Exécutif, ce dernier ne peut jamais rien sans le Législatif.

Or, les déclarations qui font l'objet de la doctrine Monroë ne sont, en aucune façon, la promulgation par le Président des États-Unis d'un bill du Congrès. Celui-ci n'avait pas été consulté; il n'y a donc pas ici une loi, mais une simple manifestation de l'opinion d'un homme à qui sa situation donne, il est vrai, une autorité particulière.

Tel est l'avis de tous les jurisconsultes.

« Comme on le voit par ce qui précède, dit Calvo, la doctrine de Monroë est loin de répondre à ce que plusieurs Gouvernements ont voulu y voir. Ainsi, il faut tout d'abord reconnaître que si les États-Unis se sont souvent inspirés de ses principes dans tel ou tel acte de leur politique, ils ne l'ont cependant jamais rendu obligatoire légalement par un vote législatif formel ; c'est même ce défaut de sanction expresse qui a toujours empêché d'attribuer le caractère de loi aux maximes de Monroë, et leur a fait conserver le simple titre de doctrine. »

Le savant professeur américain Woolsey [1] déclare de son côté que l'accord de toutes les parties qui forment le Gouvernement est nécessaire pour constituer une loi, et que si les Chambres ne peuvent à elles seules y parvenir, le Cabinet ne le peut pas davantage, et il conclut formellement : « The doctrine is not a national one ».

Et un des savants américains qui aient le plus récemment écrit sur cette question, M. Harry Pratt Judson [2], n'hésite pas à formuler cette appréciation que nous approuvons pleinement : « La doctrine de Monroë n'a jamais été formulée par un *act* du Congrès ; mais elle est simplement une tradition de politique exécutive. C'est quelque chose d'indéfini, mais elle a ainsi beaucoup mieux répondu à son dessein. L'Europe comprend que les États-Unis ne toléreront pas en Amérique une politique comme celle que

(1) Woolsey, *Introduction to the study of International Law.*

(2) H. P. Judson, *Head professor of Political Science in the University of Chicago : The Growth of american nation,* p. 199.

les États européens ont suivi en Asie, en Afrique et en Océanie ».

Aussi la doctrine ne lie-t-elle en aucune façon la politique extérieure des États-Unis : si elle avait été la conséquence d'une loi elle eût dû régulièrement l'appliquer jusqu'à ce qu'elle eût été régulièrement abrogée. Or, nous avons déjà vu dans l'étude du principe de non-colonisation qu'elle a été appliquée de façon contradictoire [1].

Il ne saurait donc y avoir aucun doute sur ce point : la doctrine de Monroë est dépourvue de toute valeur législative.

III.

Tel était, du moins à l'origine, le caractère de la doctrine. En effet, depuis plus de 70 ans qu'elle est invoquée dans les cas les plus divers, le peuple américain ne se souvient plus que de celles de ses applications qui ont contribué à son extension et à sa gloire, et ces applications paraissent avoir constitué une sorte de prescription acquérant pour elle la légitimité qui lui manquait. Dans l'*english speaking world*, en effet, et peut-être plus encore en Amérique qu'en Angleterre, la loi n'est pas uniquement créée par

---

(1) Cette distinction entre les mots doctrine et loi faite par plusieurs auteurs, notamment par Calvo, est d'ailleurs un peu artificielle. Le vote par le Congrès de la doctrine de Monroë n'ajouterait rien à sa valeur, aucun pouvoir ne pourrait contraindre le Président ou les Chambres à l'appliquer dans un cas douteux.

les assemblées législatives : les décisions plusieurs fois répétées d'un tribunal finissent par créer une doctrine, et
les considérants d'un jugement réunis à la sentence, re-
cueillies par des jurisconsultes, acquièrent peu à peu la
force impérative d'une loi. Peut-être, aux yeux des Américains, le même phénomène s'est-il produit pour la doctrine
de Monroë : soixante-quinze années d'application d'une
maxime populaire dans la vie politique d'une nation à
peine âgée de cent quinze ans, devaient suffire à lui donner
la valeur législative [1]. Ses auteurs, Jefferson, Madison,
Adams, Monroë étaient tous des représentants et des sur-
vivants de l'époque héroïque qui avait vu naître l'indépendance américaine, et il n'est pas surprenant que leur qualité de fondateurs de la liberté ait valu à leurs déclarations
une autorité particulièrement vénérée.

Mais cette considération, qui peut nous faire comprendre l'enthousiasme des États-Unis pour la doctrine de
Monroë, n'en altère pas la nature. Celle-ci, nous l'avons
vu, n'est pas une loi internationale ni même une règle
impérative de politique pour les États-Unis, c'est l'opinion
personnelle du Président en exercice pendant l'année 1823
sur la situation des deux mondes, « la simple opinion de
l'exécutif destinée à produire un effet sur les conseils de
la Sainte-Alliance [2] ».

---

(1) Le secrétaire d'État Fish écrivait au Président Grant que « des déclarations répétées et des actes répétés » constituaient une loi que le Gouvernement de Washington était obligé d'appliquer. *Rev. de dr. int. et de
légis. comp., loc. cit.*

(2) Discours de M. Polk au Sénat, 1826.

Valeur juridique du deuxième point
de la doctrine de Monroë.

Le deuxième point du message de Monroë a une apparence beaucoup plus juridique que le principe de non-colonisation : c'est le principe de non-intervention.

Nous admettons tout d'abord, avec MM. Funck-Brentano et Sorel [1], qu'il ne faut pas s'arrêter à l'opposition apparente des termes d'intervention et de non-intervention, et, comme eux, nous pensons qu'« il ne faut voir dans le premier que l'intervention directe, dans le second que l'intervention déguisée ».

Les mêmes auteurs dénient au principe d'intervention tout caractère juridique, car « il n'y a pas de droit contre le droit, et la souveraineté des États est un principe essentiel du droit des gens » ; mais d'autres jurisconsultes parmi lesquels Wheaton et Bluntschli lui reconnaissent un caractère juridique, tout en faisant parfois des restrictions [2].

Heffter [3] admet formellement le principe de non-intervention « qui est le seul vrai, tandis que celui d'intervention n'est qu'un droit exceptionnel, fondé sur des raisons spéciales, qui n'ont pas toujours été dans la pratique

---

(1) *Précis de droit des Gens,* p. 214.

(2) Bluntschli, *Le droit int. codifié* (art. 474 à 480).

(3) Heffter, *Droit des gens moderne de l'Europe,* § 44 à 46, cité par Bonfils, *Dr. int. public.,* p. 155.

des nations des intérêts légitimes, et n'ont souvent d'autres fondements que des intérêts égoïstes ».

Bien qu'admettant également avec MM. Funck-Brentano et Sorel que la non-intervention, comme l'intervention, « appartienne à la critique de l'histoire et non au droit des gens », nous ne pouvons méconnaître que le deuxième point du message de Monroë, — que nous appellerons désormais par simplification la doctrine de Monroë — n'ait été, lors de son apparition, considéré par toutes les nations comme une règle du droit international. La Sainte-Alliance avait fait de l'intervention un procédé régulier de Gouvernement, dont la légitimité était admise par tous les États, et la jeune République, en donnant au monde une théorie très complète du principe de non-intervention, ou, si l'on veut, de contre-intervention, montrait à l'Europe une voie dans laquelle elle ne devait pas tarder à s'engager [1]. Les États-Unis affirmaient d'une manière expresse qu'ils n'interviendraient jamais dans les colonies européennes qui existaient en Amérique, rassurant ainsi tous les États de l'Europe qui avaient des possessions dans le Nouveau-Monde; ils promulguaient les règles les plus modérées et les plus sages que la pratique contemporaine devait tenir comme seules légitimes, en affirmant contre la Sainte-Alliance leur volonté de reconnaître partout le Gouvernement de fait pour le véritable Gouvernement, et de ne s'immiscer dans les affaires intérieures d'aucun peuple. Leurs déclarations au sujet de l'Amérique n'étaient qu'une

___

[1] En Belgique, en Italie, etc., sous le règne de Louis-Philippe.

réponse aux intentions bien connues de la Sainte-Alliance sollicitée par l'Espagne : ils affirmaient avec une calme fermeté leur irrévocable intention de s'opposer à toute intervention de l'Europe ; les souverains de la Sainte-Alliance considéraient comme une injure faite à eux toute injure faite à un souverain légitime : la Grande République considérerait comme une insulte personnelle toute action d'un État de l'Europe dans le Nouveau-Monde ; elle jouerait vis-à-vis des États faibles de l'Amérique le même rôle de grande Protectrice que la Sainte-Alliance exerçait en Europe, mais avec tout le désintéressement et toute la modération qu'on devait attendre des compatriotes de Washington ; elle n'interviendrait pas en Europe, mais elle demandait que l'Ancien-Monde traitât le Nouveau comme celui-ci s'engageait à traiter l'Ancien : toute politique contraire serait considérée *comme la manifestation d'une disposition hostile,* qu'il lui serait impossible de considérer avec *indifférence.* « Lorsqu'une puissance étrangère, dit Bluntschli, intervient sans motifs légitimes, les autres États ont le droit de prendre les mesures nécessaires pour faire cesser l'intervention ». Et M. Mérignhac, à qui nous empruntons cette citation, déclare que suivant la majorité des auteurs « il n'y a même pas là intervention, mais obstacle à une intervention prohibée », et il conclut que la doctrine de Monroë — ainsi restreinte — « est en parfaite harmonie avec le principe de non-intervention aujourd'hui dominant dans la politique internationale » [1].

____

(1) *Revue de droit public,* 1896, *op. cit.*

La doctrine de Monroë, si elle n'est pas une règle de droit international, en a donc du moins toutes les apparences, et cet aspect juridique a certainement contribué à augmenter sa fortune et à lui attirer l'affection des Américains. Cette affection s'explique d'ailleurs par les prodigieux services qu'elle a rendus aux États-Unis.

TROISIÈME PARTIE

PRINCIPALES APPLICATIONS DE LA DOCTRINE

- - - - -

1

PREMIÈRES APPLICATIONS DE LA DOCTRINE.

- - - - -

La doctrine de Monroë au Congrès de Panama.

Le caractère profondément pratique des Américains du
Nord devait refuser à la doctrine de Monroë un caractère
abstrait qui les obligeât, avec une inflexible rigueur, à en
appliquer les principes dans toutes les tentatives de colonisation ou d'intervention des puissances européennes. La
doctrine de Monroë avait été créée pour porter remède à
une situation particulière; mais les Américains ne voulaient pas qu'elle engageât d'une façon éternelle leur politique extérieure : ils se gardèrent avec soin de lui donner
la sanction législative qui aurait fait d'elle non plus une
doctrine, mais une loi [1].

Dès le 20 janvier 1824, M. Clay essayait d'obtenir pour

- - - - -

(1) Calvo, p. 43. Voir également, p. 56, note.

le message du 2 décembre précédent la consécration des assemblées qui lui faisait défaut et, il soumettait à la Chambre des représentants la résolution suivante : « Arrêté par le Sénat et la Chambre des représentants assemblés en Congrès que le peuple de ces États ne verrait pas sans une sérieuse inquiétude une intervention armée des puissances alliées de l'Europe en faveur de l'Espagne pour réduire à leur sujétion ancienne ces parties du continent d'Amérique qui ont proclamé et rétabli pour eux-mêmes respectivement des Gouvernements indépendants et qui ont été reconnus solennellement par les États-Unis ». Il semblait que cette résolution dût réunir tous les suffrages, mais les Américains craignirent de voter une motion qui eût été pour eux un précédent obligatoire. M. Clay, habilement circonvenu, déclara le **26** mai « qu'il continuerait à s'abstenir d'imposer à l'attention de la Chambre sa résolution, et qu'il la laisserait dormir là où elle repose maintenant, sur la table ». Il trouvait en effet des raisons de politique pour expliquer sa conduite : « cette résolution proposait une expression des sentiments du Congrès à l'égard d'une attaque qu'on supposait méditée par l'Europe alliée contre l'indépendance de l'Amérique espagnole, mais les événements, depuis le message du Président, prouvaient que si une telle intention avait été sérieusement nourrie, elle avait été abandonnée, et qu'adopter cette résolution dans l'absence de preuve suffisante de l'existence d'un tel dessein pourrait être estimé sinon offensant, du moins peu amical ».

M. Clay était d'ailleurs bien inspiré, car sa résolution n'eût pas été adoptée si elle était venue en discussion : tel est du moins l'avis de M. Polk, un des membres de l'Assemblée les plus influents, dont nous connaissons déjà le nom.

Si les Américains avaient refusé dans cette circonstance d'établir un précédent qui pourrait peut-être les engager dans l'avenir à s'opposer à une intervention de l'Europe, ils refusèrent bientôt après, lors de l'affaire du Congrès de Panama, de prendre des engagements vis-à-vis des Américains du Sud.

Rappelons brièvement les conditions dans lesquelles fut convoqué ce Congrès. Nous avons vu le soulèvement des colonies espagnoles pour l'indépendance et la liberté. Trop faibles pour lutter isolés contre leur ancienne métropole et s'opposer à l'intervention menaçante de la Sainte-Alliance, les nouveaux États républicains, frères de sang, d'aspirations communes, devaient chercher à s'unir, et quelques-uns rêvaient pour les peuples latins du Nouveau-Monde une vaste fédération, analogue à celle qu'avaient formée à leur grand avantage les anciennes colonies anglaises. Déjà en 1822, le Président de la Colombie avait invité les Gouvernements du Mexique, du Pérou, du Chili et de Buenos-Ayres à déléguer des représentants à une conférence chargée de former une alliance intime entre leurs patries. Mais les rivalités personnelles, qui devaient amener tant de déchirements et de ruines dans l'Amérique du Sud, empêchèrent ce rêve de se réaliser, et quelques unions isolées furent seulement conclues : par un traité du 6 juin 1822, le Pérou signait un traité d'alliance offensive et défensive avec la Colombie ; les deux États s'engageaient en outre à solliciter tous les États du Sud de conclure un pacte d'union perpétuelle. Des traités analogues étaient signés le 10 juin 1823 entre la Colombie et Buenos-Ayres, le 3 octobre entre la Colombie et le Mexique.

La proclamation de la doctrine de Monroë exalta au plus haut point l'enthousiasme des nouveaux États. Bolivar, Président de la République péruvienne, était partisan convaincu de la nécessité d'une union. Sa valeur, son intelligence, l'ancienneté de ses services — dès 1810 il avait soulevé le Vénézuéla contre la domination espagnole — lui assuraient une situation hors de pair dans l'Amérique du Sud. Le 7 décembre 1824, il renouvela aux nouveaux États l'invitation de conférence qui leur avait été déjà adressée en 1822 par le Président de la Colombie ; son appel fut entendu, et, le 22 juin 1826, les plénipotentiaires du Pérou, de la Colombie, de l'Amérique centrale et du Mexique se réunissaient à Panama. Un envoyé anglais et un envoyé hollandais — spécialement invités — assistaient aux réunions, mais sans prendre part aux délibérations [1]. Les délégués américains, également convoqués, n'étaient pas encore arrivés à Panama.

(1) L'invitation faite au Gouvernement britannique s'explique : nous avons vu qu'il s'était montré hostile à une intervention de la Sainte-Alliance en Amérique. La mission de l'envoyé néerlandais avait un caractère purement privé (Calvo).

Il semblait que les États-Unis dussent saisir avec empressement une occasion d'affirmer le principe de Monroë et de lui acquérir le suffrage des nouveaux États libres; il n'en fut rien.

Les Américains craignirent de se lier pour l'avenir d'une façon trop étroite en prenant l'engagement de défendre en toute circonstance la doctrine de Monroë. Ils comprirent admirablement qu'elle pouvait, selon les cas, leur fournir une arme d'une incomparable puissance ou les entraîner à des interventions inopportunes et nuisibles, et ils décidèrent de garder leur liberté d'action. Chaque membre du Congrès interprétait d'une façon différente le nouveau principe : « Le Congrès de Washington, dit M. Calvo, retentit à cette occasion de déclamations tellement vives et d'opinions si tranchées qu'elles détruisirent presque les bases de la doctrine de Monroë ». James Polk, un des membres les plus influents du Sénat qui devait devenir Président de la Grande République, déclarait « que la doctrine de Monroë était la simple expression de l'opinion de l'exécutif, destinée probablement à produire un effet sur les conseils de la Sainte-Alliance. En produisant cet effet, ajoutait-il, elle a probablement exercé une action, et s'il en est ainsi, elle a atteint son but [1] ».

Nous avons vu (p. 36 et s.) dans quelles proportions considérables, le Président Adams et le secrétaire d'État Clay avaient réduit la sphère d'application du principe Monroë

[1] Cf., p. 42.

de non-colonisation. « Adams, dit Lawrence, bornait la proposition à l'égard des colonisations européennes à un accord entre les États qui seraient représentés au Congrès, d'après lequel chaque État s'engagerait à empêcher par ses propres moyens tout établissement futur d'une colonie européenne dans les limites de son territoire ».

La sphère d'application du principe d'intervention devait, dans l'esprit de l'immense majorité des hommes d'État américains, être également réduite dans d'énormes proportions. Un discours de M. Daniel Webster, prononcé au Sénat le 14 avril 1826, est resté célèbre aux États-Unis, comme étant l'interprétation la plus exacte admise à cette époque de la doctrine de Monroë : « Elle n'exige pas de nous en tout événement, disait-il, que nous prenions les armes à chaque expression de sentiment hostile de la part des puissances de l'Europe à l'égard de l'Amérique méridionale. Si, par exemple, tous les États de l'Europe avaient refusé d'avoir des relations commerciales avec l'Amérique du Sud, jusqu'à ce que ces États fussent retournés à leur soumission ancienne, cela ne nous aurait fourni aucune cause d'intervention. Ou, si un armement avait été fait par les alliés pour agir contre les provinces les plus reculées de nous, comme le Chili ou Buenos-Ayres, la distance de la scène de l'action, diminuant notre appréhension du danger et diminuant aussi nos moyens d'intervention effective, nous aurait obligés à nous contenter d'une remontrance. Mais un cas bien différent serait survenu si une armée entretenue et équipée par ces puissances avait débarqué sur les rivages du golfe du Mexique, et avait entamé la guerre dans notre voisinage immédiat. Un tel événement pourrait justement être regardé comme dangereux pour nous-mêmes, et, pour ce motif, réclamer de notre part une intervention décidée et immédiate. Les sentiments et la politique annoncés par la déclaration ainsi comprise étaient donc en conformité stricte avec notre devoir et notre intérêt ».

Mais la doctrine de Monroë, « ainsi comprise », paraît ressembler bien peu au message présidentiel du 2 décembre 1823. Quoi qu'il en soit, « ainsi comprise », elle ne s'imposait plus dans toutes les circonstances à la politique des États-Unis, et « le véritable criterium pour juger de son applicabilité devenait, comme le fait remarquer M. Barclay, l'existence, soit d'un danger positif, soit d'un danger plus ou moins éloigné pour les États-Unis ». Elle perdait donc singulièrement de sa grandeur, en cessant d'être une doctrine désintéressée : elle s'affirmait non plus comme une règle invariable et d'une application universelle, mais comme une règle de politique souple et égoïste, qu'il conviendrait, suivant le cas, d'invoquer ou d'oublier.

Une autre preuve non équivoque du désir des Américains de ne pas engager l'avenir, fut le refus de la Chambre des représentants d'accorder à leurs délégués à Panama des pouvoirs suffisants pour faire œuvre utile. « C'est l'opinion de la Chambre que le Gouvernement des États-Unis n'a pas à être représenté au Congrès de Panama, si ce n'est à un point de vue diplomatique, qu'il n'a pas à former une alliance avec toutes ou certaines Républiques sud-américaines, et qu'il n'a pas à participer avec elles à une déclaration commune, pour empêcher l'intervention de quelque puissance européenne dans leur indépendance ou forme de Gouvernement, ou à aucun pacte dans le but d'empêcher la colonisation sur les continents de l'Amérique; mais le peuple des États-Unis doit être laissé libre d'agir, dans n'importe quelle crise, de telle façon que ses sentiments d'amitié envers ces Républiques, son propre honneur et sa politique spéciale peuvent le lui dicter au moment même ».

Cette résolution, qui est devenue l'expression véritable de la doctrine de Monroë, ne fut adoptée qu'à une faible majorité, par 99 voix contre 95; mais « des objections constitutionnelles » (Webster) avaient seules empêché une quasi-unanimité. « Si cette résolution, dit M. Moore, qui était présentée comme un amendement au projet de loi appliquant le principe dont il s'agit ici aux dépenses des plénipotentiaires à Panama n'avait pas été l'objet d'un veto, la majorité qui se serait présentée en sa faveur aurait été sans doute considérable ».

Le Comité des Affaires étrangères du Sénat s'était d'ailleurs prononcé contre l'envoi des délégués; la mission du Panama ne fut approuvée qu'après cinq mois de débats, et la nomination des envoyés — dont les pouvoirs étaient des plus restreints — fut votée le 14 mars 1826 par 24 voix contre 20.

Cette mauvaise volonté des États-Unis paralysa l'action des membres du Congrès. Ceux-ci avaient adopté la doctrine de Monroë et discutaient les moyens de la rendre effective. Or les États-Unis étaient opposés à cette effectivité : voici d'ailleurs, résumées par M. Calvo, les instructions qu'ils avaient données à leurs envoyés : « Ils devaient prendre part aux conférences, à la condition qu'elles seraient entièrement diplomatiques et non législatives, et qu'aucun Gouvernement ne serait obligé par le vote de la majorité, sans que le traité eût été ratifié conformément à sa constitution respective. Se maintenant dans les bornes de la neutralité observée par les États-Unis à l'égard de l'Espagne et de ses colonies, ils devaient ne contracter aucune alliance offensive; ils devaient enfin conseiller aux nouvelles Républiques de n'accorder à aucune nation des privilèges exclusifs ».

. Les résultats du Congrès furent des plus médiocres : quatre États seulement étaient représentés. Ils conclurent un traité d'alliance et d'amitié éternelles auquel tous les autres États pouvaient adhérer, et ils signèrent une convention qui fixait le contingent militaire demandé à chacune des parties contractantes pour la défense commune; puis, il fut convenu que le Congrès se continuerait à Taculaya. Le Congrès était une assemblée diplomatique; la ratification des résolutions adoptées par les délégués de chaque État était donc indispensable : seule, la Colombie ratifia les conventions conclues. Des deux envoyés Américains, l'un mourut en se rendant dans l'isthme; le second arriva seul à Taculaya, mais le Congrès projeté ne fut jamais réuni.

Affaire du Texas.

Les États-Unis firent dans l'affaire du Texas un nouvel usage de leur liberté d'action reconquise, en donnant à cette affaire une solution directement contraire à celle que semblaient dicter les principes de Monroë.

En 1823, ils avaient au Sud-Ouest le Mexique pour voisin, mais les luttes civiles qui déchiraient ce pays et l'existence de la monarchie d'Iturbide avaient empêché le Cabinet de Washington, malgré ses sympathies pour la nation mexicaine, de reconnaître le nouvel État. C'est en 1825 seulement, après la chute d'Iturbide, que des relations diplomatiques s'établirent entre les deux États qui signaient le 12 janvier 1828 un traité de limites ; il ne devait être longtemps observé.

Le Texas, un des plus vastes États de la Confédération mexicaine, et dont la superficie égalait celle de la France et de l'Espagne réunies, devenait au Sud la frontière des États-Unis ; il était très peu peuplé, et tous les Gouvernements qui s'étaient succédés à Mexico avaient pris des mesures pour favoriser son développement. Mais les faveurs dont jouissaient les Texiens avaient excité le mécontentement des autres États mexicains ; Santa-Anna en 1835 déposa les autorités autonomes du Texas et déclara qu'il formerait à l'avenir une simple province mexicaine : le Texas

se révolta sous la conduite d'Houston, battit Santa-Anna
en plusieurs rencontres, et conquit son indépendance le
21 avril 1836 au combat décisif de San-Jacinto. Il devint
une République libre que plusieurs États, notamment la
France, l'Angleterre et les États-Unis, ne tardèrent pas à
reconnaître.

Mais la situation de la nouvelle République était très
précaire entre ses deux puissants voisins. Les Américains
du Nord, très nombreux au Texas (ils comprenaient la
moitié de sa population), poussaient leur nouvelle patrie à
s'unir à l'ancienne. Le Gouvernement de Washington
avait gardé la neutralité pendant la guerre, mais il suivait
avec le plus vif intérêt tout ce qui se passait chez son jeune
voisin, et il le soutenait ouvertement contre le Mexique qui
se refusait à reconnaître les faits accomplis. Son attitude
vis-à-vis du Gouvernement de Mexico était peu amicale ;
dans son message de décembre 1836, le Président Jackson
annonçait au Congrès que le ministre du Mexique avait demandé des passeports « parce que les devoirs du Gouver-
neur américain envers lui-même, qui n'excluaient nullement ce qu'il devait au Mexique, ainsi que les stipulations
d'un traité, l'avaient forcé de permettre à un officier supérieur de l'armée américaine de se porter sur le territoire
réclamé comme partie intégrante du Texas, afin de protéger, s'il était nécessaire, soit la frontière américaine, soit la
frontière voisine contre les déprédations des Indiens [1] ».

(1) Lawrence sur Wheaton, II, 335.

En même temps, les Américains soutenaient avec hauteur des protestations de leurs concitoyens qui se prétendaient molestés par le Gouvernement mexicain, « nouveaux motifs de mécontentements, disait Jackson, dont quelques-uns ont pris un tel caractère qu'ils exigent une prompte remontrance et une satisfaction complète et immédiate ». Le Président Van Buren, successeur de Jackson, se montrait plus violent encore ; il demandait une action énergique : « après mûr examen, déclarait-il, considérant l'esprit manifesté par le Gouvernement mexicain, je me vois dans la pénible nécessité de soumettre à nouveau la question au Congrès, auquel il appartient de fixer l'époque, le mode et la proportion de la réparation à exiger ».

Un accommodement parut cependant intervenir peu après, et une Convention fut même signée, stipulant la nomination d'une commission mixte, chargée de statuer sur les réclamations des citoyens américains. Le roi de Prusse serait choisi comme arbitre, dans le cas où les commissaires ne parviendraient pas à s'accorder.

Cette réconciliation des États-Unis et du Mexique ne fut que provisoire ; les travaux des commissaires ne furent jamais ratifiés.

La véritable raison du différend subsistait : les États-Unis désiraient s'annexer le Texas, et le Mexique ne renonçant pas à l'idée de reconquérir son ancienne province. Déchiré par les guerres civiles, en lutte avec la France dont la flotte bombardait Saint-Jean d'Ulloa, impuissant à établir l'ordre sur son territoire, il déclarait que l'annexion du Texas aux États-Unis équivaudrait à une déclaration de guerre.

Mais les circonstances étaient bien tentantes pour décider le Gouvernement de Washington à oublier un instant la doctrine de Monroë en prononçant l'annexion à son territoire d'un État américain. « Les États-Unis, disait le Président Tyler dans son message du 5 décembre 1844, sont directement intéressés à ce que les hostilités entre le Texas et le Mexique se terminent. Cette guerre, en se prolongeant et en affaiblissant les deux parties belligérantes, pourrait amener une intervention de parties plus puissantes, qui, n'ayant en vue que leurs intérêts pécuniaires, pourraient dicter aux deux parties des conditions aussi désavantageuses à la nation qui les subirait qu'aux États-Unis. Nous ne pourrions tolérer une intervention qui serait à notre désavantage. Le Texas n'est séparé des États-Unis que par une ligne géographique. Le Texas, suivant l'opinion de plusieurs personnes, faisait partie intégrante du territoire de l'Union; sa population est homogène, son commerce est le même que celui des États limitrophes, la plupart des habitants de ce pays ont appartenu à l'Union, et les institutions politiques y sont les mêmes. Les devoirs politiques pourront contraindre les autorités des États-Unis à adopter une politique déterminée par l'obstination du Gouvernement mexicain. Dans ce cas le pouvoir exécutif fera un appel au patriotisme du peuple pour qu'il soutienne le Gouvernement ».

La crainte d'une intervention européenne était purement illusoire. La conduite pleine de modération de la France après l'affaire de Saint-Jean d'Ulloa eût suffi à rassurer les Américains les plus soupçonneux ; mais une ligne du message exposait la raison qui pouvait motiver, à défaut de toute autre, la nécessité de l'annexion : « Le Texas n'est séparé des États-Unis que par une ligne géographique ».

Enfin, une nouvelle raison, inavouée celle-là, poussait à l'annexion les démocrates alors aux affaires. Le Texas était un État où l'esclavage était demeuré en vigueur et les hommes qu'il enverrait dans les assemblées de Washington devaient venir renforcer le bataillon des partisans de l'esclavage, qui avaient à subir de la part des républicains, pour la plupart représentants du Nord et de l'Est, de furieux assauts.

Dans ces conditions, l'annexion était imminente : à l'instigation habile des Américains, elle fut d'ailleurs demandée par les Texiens eux-mêmes ; mais à leur grand étonnement, le Sénat, qui devait ratifier le traité signé entre les Républiques du Texas et des États-Unis, le repoussa ; la majorité des 2/3 exigée par la constitution ne fut pas atteinte, par suite de la défection des sénateurs républicains.

Il semblait que la question fut enterrée, le consentement du Sénat étant formellement nécessaire pour la ratification et la complète exécution des traités. Mais, battu de ce côté, le Président Tyler se retourna vers la Chambre des représentants où son parti formait la majorité : « L'autorité du Congrès, dit-il dans un message du 10 juin 1845, est compétente d'une autre manière pour faire tout ce qu'aurait pu faire une ratification formelle du traité ; et je croirais manquer à mon devoir vis-à-vis de vous ou vis-à-vis du pays, si je ne vous communiquais pas toutes les pièces qui ont été sous les yeux du pouvoir exécutif, afin de vous mettre en état d'agir en pleine connaissance de cause, si vous le jugez à propos ».

Sur ces entrefaites, le Gouvernement de M. Guizot et le Gouvernement britannique offrirent leur médiation au Mexique et au Texas. Le nouveau Président James Polk dont nous avons déjà vu la politique dans l'affaire de l'Orégon [1] protesta avec hauteur. Polk restreignait à l'Amérique du Nord le principe de non-intervention, comme il avait fait pour le principe de non-colonisation, mais il revendiquait pour son pays le droit exclusif de traiter avec les États libres de l'Amérique du Nord : « Récemment, disait-il, dans le message du 2 décembre 1845 dont nous avons déjà cité des extraits, la doctrine a été émise par quelques-unes des puissances de l'Europe d'un équilibre de pouvoirs sur ce continent pour enrayer notre avancement. Les États-Unis ne peuvent permettre, en gardant le silence, aucune intervention sur le continent de l'Amérique du Nord, et, si une pareille intervention était jamais tentée, ils seront prêts à résister à tout hasard. Nous devons toujours maintenir le principe que les peuples de ce continent

(1) Cf., p. 42.

seuls ont le droit de décider de leur propre destinée. Si quelque portion d'entre eux, se constituant en État indépendant, proposait de s'unir à notre confédération, ce serait une question à trancher entre eux et nous, sans qu'une intervention étrangère soit possible. Nous ne pouvons jamais consentir à ce que des puissances européennes puissent intervenir pour empêcher une telle union, sous le principe qu'elle pourrait troubler l'équilibre du pouvoir ».

La menace d'une intervention européenne entre le Mexique et le Texas, que le Président Polk faisait miroiter aux yeux du peuple américain, décida de la question : un des articles du programme présidentiel était d'ailleurs une action énergique dans les affaires de l'Orégon et du Texas. Nous avons vu la conduite de Polk dans l'affaire de l'Orégon ; il ne voulait pas subir un échec semblable au Sud, et il résolut de parler plus haut avec le Mexique qu'avec la Grande-Bretagne. Les Américains eurent recours à ce que Lawrence appelle « un expédient compatible avec la constitution », et qu'il résume ainsi [1]. « Les deux Chambres du Congrès passèrent une résolution approuvée par le Président par lequel elles donnaient leur consentement à ce que le territoire compris dans la République du Texas fût érigé en État sous le nom d'État du Texas. Il fut convenu que le Gouvernement de l'État aurait une forme républicaine, et que celle-ci serait adoptée pour le peuple de ladite République par des délégués

____

(1) Lawrence sur Wheaton, II, 335.

nommés à cet effet. Les conditions posées par les États-Unis ayant été acceptées par le Gouvernement existant du Texas, et le peuple ayant en convention élaboré une constitution pour l'État, laquelle fut soumise au Congrès, le Texas fut admis dans l'union sur un pied d'égalité avec les autres États » (29 déc. 1845).

Le Texas, dit M. de Martens, avait consommé l'*immersion* de sa nationalité dans l'union américaine[1].

La volonté du peuple texien légitimait dans une grande mesure l'annexion qui fut faite, mais cette annexion était bien peu conforme à la primitive doctrine de Monroë, puisqu'elle dépouillait un État américain libre, le Mexique, d'une province sur laquelle il ne cessait d'émettre des prétentions et de réclamer des droits. Elle amena une guerre entre le Mexique et les États-Unis. Cette guerre, entrecoupée de négociations, fut désastreuse pour le Mexique, et le 14 septembre 1847 le général Scott s'emparait de Mexico.

Les Américains ne voulurent retirer de leurs victoires que des avantages territoriaux : ils gardèrent le Texas, mais reconnurent en quelque sorte l'injustice de leur conquête en payant au Mexique une somme de 15 millions de dollars (traité de Guadalupe-Hidalgo ratifié à Queretaro le 30 mai 1848).

« Le Mexique, conclut avec une juste ironie M. Mérignhac, le Mexique, qui avait figuré dans les quatre États

---

[1] *Nouveau recueil général des traités*, 1847, VII, p. 23.

représentés au Congrès de Panama, dût comprendre alors pourquoi le Gouvernement de Washington avait déclaré *qu'il devait s'abstenir de faire cause commune avec les autres États en cette circonstance afin de garder toute liberté d'action suivant les événements ».*

Affaire du Yucatan.

La même liberté d'action que se réservaient les États-Unis devait les amener, peu d'années plus tard, à observer dans l'affaire du Yucatan une attitude strictement conforme à la doctrine de Monroë.

Après l'interprétation limitative et restrictive de M. Webster, après la doctrine Polk, qui déclarait toute *domination* nouvelle d'un État européen dans l'Amérique du Nord préjudiciable aux États-Unis, et toute intervention de l'Europe désormais interdite, les circonstances amenèrent les États-Unis à interpréter la doctrine de Monroë dans le sens de Monroë.

Le Yucatan s'était révolté contre le Mexique, et ses habitants avaient offert en même temps aux Gouvernements des États-Unis, de l'Angleterre et de l'Espagne de se donner à eux. Le Président Polk recommanda au Congrès dans un message du 29 avril 1848 d'accepter l'offre qui lui était faite, déclarant que la doctrine Monroë s'opposait formellement à ce que le Yucatan, terre américaine, passât aux mains d'une puissance de l'Europe.

Il semblait que la politique récemment suivie à l'égard
du Texas fût un précédent obligatoire; il n'en fut rien : la
majorité du Sénat fut résolument hostile à l'annexion.
Craignant peut-être des difficultés avec l'Europe, ou les dépenses qu'entraînerait une nouvelle guerre avec le Mexique, craignant aussi que l'annexion du Yucatan, qui ne
pouvait être pour eux une frontière comme le Texas, ne
fût une lourde charge, les sénateurs refusèrent cette fois
de suivre le Président Polk. M. Cass, à qui sa situation de
familier de la Maison Blanche donnait une importance
particulière, oubliant que son ami le Président Polk avait
récemment déclaré toute domination européenne nouvelle
interdite en Amérique, défendit au Sénat les véritables
principes : « Le Yucatan, dit-il, a le droit d'aller où il
peut le faire avec sa suzeraineté en main, de demander
protection aux puissances de la terre et d'offrir sa propre
obéissance en retour pour celle-ci. Que le Yucatan puisse
agir ainsi, sans nous donner le moindre motif d'offense, et
de cette façon accomplir sa mission sans être impliqué dans
une controverse avec nous, voilà ce qui est trop clair pour
être mis en question ». Répondant à un discours de M.
Niles qui attirait l'attention du Sénat sur les empiètements
de l'Angleterre dans le Vénézuéla, le même M. Cass disait : « L'honorable sénateur du Connecticut considère la
réitération du principe par l'exécutif actuel et peut-être
son énoncé original par M. Monroë comme la revendication d'un droit à régler toutes les affaires du continent pour
autant qu'il s'agisse d'Européens. Mais cela, Monsieur, est

une compréhension absolument fausse de toute la question. Elle a cependant prévalu assez généralement, ici et ailleurs, bien qu'il me semble que l'examen le plus superficiel du message dont il s'agit aurait corrigé ou plutôt prévenu cette erreur flagrante. Aucun de ces Présidents, ni l'ancien ni l'actuel, n'ont eu la prétention d'intervenir dans les droits existants d'autres nations sur le continent. Ni l'un ni l'autre n'ont mis en question le droit de celles-ci de garder et d'améliorer les colonies qu'elles possédaient, selon leur bon plaisir. Une telle prétention aurait été à la fois tracassière et inefficace; et comment l'opinion qui a été avancée a pu prévaloir, c'est ce que personne ne peut dire, car dans les documents eux-mêmes la vraie doctrine est prudemment conservée, et les droits existants sont considérés comme inattaquables [1] ». M. Calhoun, ancien secrétaire d'État à la guerre sous la présidence de Monroë, protestait également dans la discussion de l'affaire de l'Orégon qui avait lieu à la même époque contre l'extension que M. Polk voulait donner au principe de non-intervention : il s'élevait, nous l'avons vu (p. 44), contre l'idée que toute intervention d'un État européen dans les affaires d'un État américain portait préjudice aux États-Unis, et il concluait à la nécessité de ramener la doctrine de Monroë à son sens primitif.

Aussi, quand un bill fut proposé au Sénat le 4 mai 1848

____

(1) *Rev. de dr. int. et de légis. comp.*, 1896, p. 318, article de M. Moore.

permettant au Président « d'opérer militairement l'occupation temporaire du Yucatan », fut-il renvoyé au Comité des Affaires étrangères ; en vertu de ses pouvoirs considérables, le Président de ce Comité laissa l'affaire en suspens sans soulever de trop vives protestations et empêcha qu'elle fût mise en discussion. Le Yucatan ne tarda pas à retomber sous la domination du Mexique.

La véritable doctrine de Monroë avait été une fois régulièrement appliquée.

Affaire du Mexique.

L'établissement de la monarchie de l'archiduc Maximilien au Mexique amena de vives protestations de la part des États-Unis. L'Empire mexicain était en effet la création d'une puissance européenne qui devait le considérer un peu comme une de ses colonies, et cette intervention était formellement interdite par la doctrine de Monroë [1].

I.

L'intervention de l'Europe n'aboutit pas tout d'abord à la création de l'Empire : l'Angleterre, l'Espagne et la France, dont les nationaux avaient été molestés par le Gou-

[1] Lawrence sur Wheaton, II, p. 339, *L'intervention européenne au Mexique.*

vernement mexicain n'avaient pu obtenir pour eux les satisfactions qu'ils demandaient ; le 31 octobre 1861 les trois puissances signèrent une convention par laquelle elles s'engageaient à faire rendre justice à leurs ressortissants, au besoin par la force. La France promettait « de ne retirer de sa démonstration aucun avantage politique ou commercial à l'exclusion de l'Espagne et de la Grande-Bretagne et même de toute autre puissance » ; mais le Gouvernement impérial ajoutait que « sans vouloir assumer la responsabilité d'une intervention directe dans les affaires intérieures du Mexique, il pensait qu'il était de la prudence des deux Cabinets (France et Angleterre) de ne pas décourager les efforts qui pourraient être tentés par le pays lui-même pour sortir de l'état d'anarchie où il était plongé ».

Toute la politique qui devait suivre était en germe dans cette phrase [1]. Mais le désir si nettement avoué de la France d'intervenir au Mexique avait une autre raison fort intéressante, que résumait ainsi M. Michel Chevalier : « Deux motifs de politique générale peuvent être assignés à l'expédition : l'un est d'intérêt européen, universel ; ce sera d'opposer une barrière à l'invasion imminente de la totalité du continent américain par les États-Unis. L'autre, tiré de la politique française, serait de garantir et de sauver d'une ruine irréparable, non seulement le Mexique,

---

(1) Ce désir d'intervention était dans une certaine mesure expliqué par la constitution anarchique du Mexique, qui, en quarante années, avait eu 73 présidents et avait modifié 36 fois la forme de son Gouvernement. Les étrangers ne jouissaient au Mexique d'aucune garantie.

mais bien le rameau espagnol tout entier de la civilisation latine dans le Nouveau-Monde [1].

Aussi le Gouvernement français fut-il amené à concevoir l'idée, grandiose si elle eût réussi et si elle eût été conforme aux vœux du peuple mexicain, de faire du Mexique sinon une colonie française, du moins une sorte de pays de Protectorat français.

Mais cette idée restait encore inavouée : l'union paraissait sincère entre les signataires de la Convention du 31 octobre 1861 ; les trois puissances invitèrent les États-Unis qui avaient également des griefs contre le Cabinet de Mexico à se joindre à elles. M. Seward déclina cette offre, mais il enveloppa son refus dans les termes les plus courtois ; il est à supposer que, dans d'autres temps, cette proposition de s'unir à des Monarchies européennes, pour agir contre une République américaine, eût recu un accueil bien différent : « Il est vrai, disait M. Seward le 4 décembre 1861, ainsi que le supposent les hautes parties contractantes, que les États-Unis ont de leur côté des réclamations à faire au Mexique. Cependant, après mûre réflexion, le Président s'est convaincu qu'il serait inopportun dans le moment actuel de chercher à obtenir satisfaction en adhérant à la Convention. Parmi les raisons qui ont motivé cette décision se trouvent celles-ci : en premier lieu les États-Unis préfèrent, autant qu'il est praticable, de s'en tenir à la politique traditionnelle que

____

(1) Wheaton, *op. cit.,* p. 347.

leur a léguée le Père de la Patrie, politique dont l'expérience a constaté les heureux effets et qui leur défend de former des alliances avec des nations étrangères. En second lieu, le Mexique est voisin des États-Unis sur ce continent; son système de Gouvernement ressemble au nôtre sous beaucoup de rapports. Les États-Unis ont donc naturellement des sentiments de bienveillance pour cette République, et s'intéressent à sa sécurité, à sa prospérité et à son salut [1].

En même temps, pour donner au Mexique une preuve effective de sa sympathie, le Président des États-Unis proposait au Sénat d'avancer à la République voisine une somme de onze millions de piastres qui lui serviraient à désintéresser ses créanciers, mais le Sénat refusa de le suivre dans cette voie. M. Thouvenel, qui voyait avec regret disparaître une raison d'intervention, déclarait d'ailleurs que les puissances alliées « ne pourraient sanctionner une pareille transaction ». M. Seward se borna à maintenir en théorie la doctrine de Monroë, mais sa politique était impuissante à la faire prévaloir dans les faits.

II.

On sait comment la France s'engagea dans la guerre du Mexique qui devait lui être si funeste. Après la convention

(1) Wheaton, p. 349.

de la Soledad où les concessions faites par le Président Juarez furent jugées suffisantes par l'Espagne et par l'Angleterre, la France restait seule au Mexique.

Le Gouvernement américain était obligé, par les nécessités de sa politique intérieure, de croire aux vues désintéressées en apparence du Gouvernement français. La guerre de la Sécession déchirait en effet le territoire de la Grande République, et jusqu'à l'automne de 1865, le Gouvernement du Nord devait avec le plus grand soin éviter de s'aliéner les sympathies de la France. Le 23 avril 1862, M. Seward écrivait à M. Dayton, son agent à Paris : « Les États-Unis se sont placés, en ce qui regarde la guerre entre le Mexique et la France, dans une position qu'ils sauront maintenir. Le Gouvernement, se confiant aux explications qui lui ont été données, considère le conflit comme une guerre résultant des réclamations que la France avait à faire, et auxquelles le Mexique n'a pas donné la satisfaction qui était demandée : il n'y a donc pas lieu d'intervenir entre les belligérants ».

Le Gouvernement de Washington ne contestait pas à la France le droit de faire la guerre au Mexique. Le secrétaire d'État, M. Seward, écrivait le 21 juin : « La France a le droit de faire la guerre contre le Mexique et d'arranger ses affaires elle-même. Nous avons le droit et l'intérêt d'insister pour que la France ne profite pas de la guerre qu'elle fait pour établir au Mexique un gouvernement anti-républicain et anti-américain ou pour y maintenir un tel gouvernement. La France a renoncé à de pareils desseins, et quant à nous, outre que nous avons foi dans des assurances données d'une manière franche et loyale, nous serions en tous cas obligés d'attendre, et non pas d'anticiper, une violation de ces promesses ».

Les Américains se maintenaient donc sur un terrain de droit inattaquable, tant que la France ne démasquait pas ses intentions cachées : ils n'interviendraient que si les Français installaient à leurs portes un gouvernement qui ne fût pas *américain* ou qui leur fût hostile. Or quelques semaines après cette déclaration, Napoléon III énumérait dans une longue lettre au général Forey commandant des troupes françaises tous les avantages politiques et économiques qu'il voyait à l'établissement d'un État véritablement indépendant et fort au Sud des États-Unis [1].

Cependant, les Confédérés, pour relever leur cause chancelante, essayèrent de se poser en champions des intérêts de l'Union tout entière et de se montrer meilleurs Américains que les Fédéraux ; ils feignirent de croire à des desseins de la France sur le Mexique et même sur le Texas, et ils expulsèrent le Consul français de Galveston. Il y eut entre les deux grands partis comme une surenchère de patriotisme, surenchère modérée cependant par la nécessité de ne pas avoir la France comme ennemie déclarée. L'archiduc Maximilien, grâce à la pression à peine dissimulée du Gouvernement français, venait d'être proclamé Empereur par une assemblée de notables (10 juillet 1863). Cette

---

[1] Calvo, I, p. 239.

nomination répondait aux vœux les plus chers de Napoléon III ; elle lui permettait d'acquitter une dette qu'il croyait avoir contractée envers l'Autriche lorsqu'il avait accepté de cette puissance la Vénétie pour la donner à l'Italie ; elle resserrait encore les liens qui unissaient désormais le Mexique et la France. Le nouvel Empereur ne fut pas reconnu par les États-Unis, le ministre américain à Mexico quitta son poste avec un congé d'absence pour n'avoir pas à demander des lettres de créance.

Mais M. Seward n'osait pas aller plus loin. Dans une dépêche adressée à M. Dayton à Paris le 23 octobre, il déclarait « que les États-Unis professent vis-à-vis du Mexique les mêmes principes qu'ils observent vis-à-vis des autres pays, qu'ils n'ont ni le droit ni l'intention d'intervenir par la force au sujet du Gouvernement à établir ou pour renverser le Gouvernement impérial. Sans doute, il pensait que l'opinion au Mexique est favorable au Gouvernement mexicain, mais, d'accord avec leurs principes, les États-Unis laisseront les destinées du Mexique entre les mains de son propre peuple, et reconnaîtront sa souveraineté et son indépendance, sous n'importe quelle forme que le peuple mexicain veuille la maintenir ».

Le Gouvernement français ne rencontrait donc encore aucune résistance officielle de la part des États-Unis, et nos troupes déployaient une admirable énergie pour conquérir à Maximilien l'empire que lui contestait le Président Juarez.

Mais, dans cette même année 1863, les Confédérés su-

bissaient des défaites écrasantes à Gettysburg et à Vicks-
burg ; l'autorité fédérale redevenait maîtresse de tous les
États sauf de la Virginie, des deux Carolines et de la Géorgie. Les Nordistes affirmèrent aussitôt des principes conformes à la véritable tradition du Gouvernement américain, et, le 4 avril 1864, la Chambre des Représentants de
Washington votait à l'unanimité la déclaration suivante :
« Le Congrès des États-Unis ne veut pas, par son silence,
laisser les nations du monde dans l'idée qu'il reste specta-
teur indifférent des événements déplorables qui s'accom-
plissent actuellement au Mexique. Il juge donc à propos
de déclarer qu'il ne convient pas au peuple des États-Unis
de reconnaître un Gouvernement monarchique élevé sur
les ruines d'un Gouvernement républicain en Amérique
sous les auspices d'une puissance européenne quelconque ». C'était une véritable résurrection des principes de
Monroë ; mais la situation des Fédéraux n'était pas encore
suffisamment solide pour que le Gouvernement pût entrer
en lutte avec la France, et M. Seward avait soin en envoyant le 17 avril à M. Dayton une copie de cette résolution du 4 avril, de le prier de faire remarquer au Gouvernement impérial, que, bien qu'elle parût traduire les
sentiments du peuple, elle ne constituait pas un acte législatif : « Avant d'acquérir le caractère d'un acte législatif,
elle doit recevoir : 1° la sanction du Sénat ; 2° l'approbation du Président des États-Unis, ou, en cas de dissenti-
ment, l'assentiment renouvelé des deux Chambres du
Congrès qui doit être exprimé par la majorité des 2/3 de

chaque corps ». Et M. Seward affirmait une fois de plus
« qu'il n'avait nullement dessein de se départir de la politique que ce Gouvernement-ci a suivie jusqu'ici en ce qui
touche la guerre existant entre la France et le Mexique.
Il est à peine nécessaire de dire que la Chambre des Représentants a agi d'elle-même, et non sur aucune communication du département exécutif, et que le Gouvernement français serait prévenu en temps raisonnable de tout
changement à ce sujet que le Président peut juger dans
l'avenir convenable d'adopter ».

III.

Le secrétaire d'État, tout en rassurant le Gouvernement
français, réservait habilement l'avenir. Dans les premiers
mois de l'année 1865, les Sudistes étaient définitivement
écrasés ; le 9 avril, Lee capitulait avec les 25.000 hommes
qui lui restaient ; le 10 mai, Jefferson Davis était fait pri-
sonnier et une proclamation d'amnistie était adressée au
pays. L'Union, qui se refaisait entre Américains, se refaisait également contre l'Empire de Maximilien. Les États-
Unis récompensaient Juarez de son indomptable tenacité
en reconnaissant son Gouvernement et en lui envoyant des
armes et de l'argent, et le Sénat ordonnait que les corres-
pondances destinées aux consuls américains établis au
Mexique porteraient la suscription *République Mexicaine.*
La reddition des armées du Sud causait aux impérialistes

mexicains une véritable stupeur; tout le monde s'attendait à voir les États-Unis agir, et, le 22 mai 1865, M. Seward écrivait à M. Bigelow, ministre américain à Paris : « Le vif intérêt populaire qu'avait excité pendant les dernières années l'existence d'une guerre civile de vastes proportions a eu pour effet de détourner jusqu'à un certain point l'attention des questions extérieures. Mais aujourd'hui, cet intérêt s'efface rapidement, et l'on peut raisonnablement s'attendre à voir le Congrès des États-Unis et le peuple dans ses assemblées primaires porter plus grande attention sur les questions étrangères et principalement sur celles de nos relations avec la France au sujet du Mexique ».

L'attitude des États-Unis ne tardait pas à ranimer au Mexique le parti de l'Indépendance presque accablé par les brillants succès des troupes françaises. Les partisans de Juarez reprenaient courage dans cette guerre sanglante, aussi âpre et implacable que la guerre d'Espagne de 1808, mêlée de brillants épisodes où la bravoure fanatique des vaincus égalait l'étincelante valeur des vainqueurs.

Le Gouvernement français se préoccupait vivement de la nouvelle conduite du Cabinet de Washington, et il sollicitait de celui-ci la reconnaissance de Maximilien ; d'après lui, cette reconnaissance suffirait à terminer la guerre civile au Mexique.

M. Seward s'y refusait, et il exposait sa conduite à M. de Montholon dans une lettre du 6 décembre 1865 dont le sens indique clairement l'évolution de la politique américaine : « Nous reconnaissons, disait-il, le droit des nations indépendantes de se faire la guerre entre elles, si elles n'empiètent pas sur nos droits, et ne menacent pas notre sécurité ou notre légitime influence. La cause réelle du mécontentement des États-Unis est qu'en envahissant le Mexique l'armée française combat un gouvernement républicain, profondément sympathique aux États-Unis et établi par la nation elle-même, pour le remplacer par un gouvernement monarchique étranger dont la présence en ce pays, aussi longtemps qu'elle durerait, ne pourrait être regardée par les États-Unis que comme injurieuse et menaçante pour les propres institutions républicaines qu'ils ont choisies et qui leur sont si chères [1] ».

Le Gouvernement impérial ne voulut tout d'abord pas comprendre cette menace déguisée du Cabinet de Washington, et il essaya de lui démontrer que Maximilien avait été appelé au trône par le libre choix du peuple mexicain, et que l'existence de monarchies sur le territoire américain ne devait pas fatalement nuire aux États-Unis, puisqu'ils avaient reconnu le Gouvernement impérial du Brésil. Mais il fut bientôt obligé de céder devant l'attitude résolûment hostile des États-Unis; un grand mécontentement éclatait d'ailleurs en France, déterminé par les dépenses ruineuses de l'expédition. Les troupes françaises se replièrent par échelons, remplacées dans les villages qu'elles évacuaient par les soldats de Juarez, et le malheureux Maximilien, étranger au milieu de son peuple hostile, fut pris par ses

(1) Lawrence sur Vheaton, *op. cit.*, II, 370.

adversaires implacables qui l'envoyèrent au supplice. Juarez devint le Président incontesté de la République Mexicaine.

IV.

La doctrine de Monroë triomphait encore ; mais cette fois comme en 1823 elle avait une raison d'être, la défense du principe de non-intervention. Les déclarations de M. Michel-Chevalier et la lettre de Napoléon III au général Forey suffirent à prouver que les États-Unis étaient menacés d'un réel péril dans leur développement économique. Leur conduite fut d'ailleurs irréprochable dans l'application du principe : ils n'intervinrent pas tant que la France se borna à faire la guerre au Mexique ; ils lui reconnurent formellement ce droit. Mais quand un Empire mexicain fut créé, faisant de leur ancien voisin un véritable pays de protectorat français, les États-Unis — dont la modération précédente s'explique surtout, il faut bien le reconnaître, par leur situation intérieure, — ne tardèrent pas à protester. L'appui moral qu'ils avaient toujours secrètement donné à Juarez avait empêché son complet écrasement ; la déclaration officielle de leur sympathie obligea Napoléon III à rappeler ses troupes. Ce succès, qui eut toutes les apparences d'un acte désintéressé, fut un des plus brillants que remporta l'application de la doctrine de Monroë.

La doctrine de Monroë après la guerre de Sécession.

Les Américains avaient refait l'Union, mais il leur restait à panser les plaies causées par leur lutte fratricide ; ils s'y employèrent avec une admirable énergie.

Aussi, pendant les premières années qui suivirent, les États-Unis s'adonnèrent-ils uniquement à des questions de politique intérieure, gardant à l'extérieur une attitude pacifique et prudente. Le Chili avait des difficultés avec les puissances européennes, M. Seward refusa d'intervenir activement : « Le Gouvernement des États-Unis, déclarait-il, maintiendra intacte la situation avec toute la décision et l'énergie qui sont compatibles avec notre propre neutralité actuelle, et insistera de façon que le système républicain, qui est accepté par n'importe lequel de ces États de l'Amérique méridionale, ne soit pas attaqué de gaieté de cœur, et qu'il ne soit pas renversé comme conséquence d'une guerre dirigée par des puissances européennes ; mais le Gouvernement des États-Unis n'ira pas au delà de ces limites, et il ne se considérera pas comme tenu par cette doctrine de prendre part à des guerres dans lesquelles une République de l'Amérique du Sud pourrait être impliquée avec un souverain européen, quand l'objet de la guerre n'est pas l'établissement à la place d'une république renversée d'une monarchie sous un prince européen » (2 juin 1866) [1].

(1) *Revue de dr. int.,* article de M. Barclay, p. 516 et s.

Cette allusion aux affaires du Mexique était d'une netteté indiscutable. Cette doctrine nous ramenait à des interprétations relativement modérées des principes de Monroë : les États-Unis ne garantissaient aux États du Sud que leur forme de Gouvernement.

Mais, quatre années plus tard, les plaies causées par la guerre civile étaient cicatrisées, et les États-Unis prenaient un prodigieux essor économique. L'idée de s'affranchir de l'Europe se précise de plus en plus : dans leur isolement superbe, les Américains du Nord seront les maîtres politiques et économiques de tous les Américains. Cette politique s'affirme dans le rapport du secrétaire d'État Fish au Président Grant le 14 juillet 1870.

« La doctrine de Monroë, disait-il, avait exercé une influence permanente sur ce continent. Elle fut d'abord invoquée en conséquence du péril supposé que courait Cuba du côté de l'Europe, elle fut appliquée à un danger similaire menaçant le Yucatan, elle revêtit un corps dans le traité des États-Unis et de la Grande-Bretagne concernant l'Amérique centrale, elle produisit l'opposition heureuse des États-Unis à la tentative de l'Angleterre d'imposer sa domination dans le Nicaragua, sous prétexte d'une affaire avec les Indiens Mosquitos, et elle réussit de la même manière à prévenir l'établissement d'une dynastie européenne au Mexique..... Les États-Unis se trouvent liés par des déclarations répétées et des actes répétés à cette doctrine et à son application aux affaires de ce continent. Dans son message aux deux Chambres du Congrès au commencement

de la session actuelle, le Président suivant les enseignements de toute notre histoire, dit que les dépendances
existantes ne sont plus désormais regardées comme soumises à un transfert possible d'une puissance européenne
à une autre. Quand la situation actuelle des colonies
change, elles doivent devenir des puissances indépendantes, exerçant le droit de choix et de contrôle personnel
dans la détermination de leur condition future et de leurs
relations avec d'autres puissances. Cette politique n'est pas
une politique d'agression, mais elle s'oppose à la création
d'une domination européenne sur un sol américain, et elle
voit avec espoir et bonheur venir le temps où, par le départ
volontaire des gouvernements européens de ce continent
et des îles voisines, l'Amérique redeviendra tout entière
américaine ».

Cette déclaration était d'une rare audace. Si nous ne
l'avons pas envisagé dans l'étude du premier point de la
doctrine de Monroë, c'est qu'elle se référait non à des colonisations nouvelles mais à des colonies anciennes des
puissances de l'Europe. Elle était en contradiction formelle
avec les termes du message du 2 décembre 1823 qui disait : « Dans les colonies existantes ou dans les dépendances d'un État européen quelconque, nous ne sommes pas
intervenus et nous n'interviendrons pas » ; elle refusait à
des puissances européennes le droit de disposer de leurs
colonies ; elle refusait à ces colonies le droit de disposer
d'elles-mêmes.

Le message annuel du Président Grant faisant allusion

aux tentatives de son Gouvernement pour intervenir dans une difficulté survenue entre l'Espagne et une petite République du Sud, disait : « Les Républiques alliées et autres d'origine espagnole sur ce continent peuvent voir dans ce fait une preuve nouvelle de notre profond intérêt pour leur prospérité, de notre désir de les voir pourvues de bons gouvernements, capables de maintenir l'ordre et de préserver leur intégrité territoriale respective, et notre souhait sincère d'étendre nos relations commerciales et sociales avec elles... Le temps n'est probablement pas loin où, par la marche naturelle des événements, les rapports politiques de l'Europe avec ce continent auront cessé d'exister. Notre politique doit se modeler d'après cette probabilité, de façon à unir les intérêts commerciaux des États hispano-américains plus intimement avec les nôtres, et à donner ainsi aux États-Unis toute la prééminence et tous les avantages que M. Monroë, M. Adams et M. Clay ont eu en vue quand ils proposèrent d'adhérer au Congrès de Panama ».

C'était tout le programme d'une politique offensive contre l'Europe sur le terrain économique ; nous en verrons plus loin les tentatives de réalisation. Les États-Unis n'étaient pas encore prêts à suivre leur Président ; nous avons vu leur conduite dans l'affaire de la Dominicaine. Les déclarations de M. Fish paraissent avoir passé inaperçues ; elles n'auraient pu, croyons-nous, être appliquées qu'une seule fois et elles ne furent pas invoquées : lors de la rétrocession à la France de la petite île suédoise de Saint-Barthélemy.

D'après M. Fish, Saint-Barthélemy, dégagée de la souveraineté du roi de Suède, aurait dû devenir une terre américaine libre; or, les habitants de cette île, consultés par voie de plébiscite, déclarèrent à la presque unanimité qu'ils voulaient redevenir Français, et cette rétrocession, qui fit entre la France et la Suède l'objet du traité du 10 août 1877, ne paraît pas avoir soulevé de protestations de la part des États-Unis.

Les déclarations de MM. Fish et Grant paraissent clore ce que nous pouvons appeler la période défensive d'application de la doctrine de Monroë : jusque-là, elle s'était opposée à des tentatives de progrès de la part des Européens en Amérique. Désormais les Américains vont prendre l'offensive : grâce à des interprétations contradictoires du message du 2 décembre ils ont atteint les limites reculées qu'ils s'étaient fixées ; ils vont maintenant essayer de les dépasser, et de repousser hors de leurs frontières l'influence européenne qu'ils avaient jusque-là combattue sur le sol qu'ils se réservaient.

Des considérations politiques les ont surtout guidés jusqu'ici ; désormais ils vont plus particulièrement obéir à des considérations économiques. Leur union territoriale et morale est absolue ; leur développement économique est prodigieux et il leur faut de nouveaux clients pour leurs produits. La doctrine de Monroë s'est résumée jusqu'ici dans cette formule : « L'Amérique aux Américains » ; elle va signifier désormais : « L'Amérique aux États-Unis ».

II

LA DOCTRINE MONROË « SECONDE MANIÈRE ».

Affaire du canal interocéanique (1).

Le secrétaire d'État Fish, dans le rapport dont nous avons cité des extraits, avait signalé parmi les applications de la doctrine de Monroë « l'opposition heureuse des États-Unis à la tentative de l'Angleterre d'imposer sa domination dans le Nicaragua sous prétexte d'une affaire avec les Indiens Mosquitos ». Nous n'avons pas encore fait allusion à cette intervention qui avait amené en 1850 la signature du célèbre traité Clayton-Bulwer, et nous avons réservé jusqu'ici cette question, afin de traiter dans leur ensemble les affaires du canal interocéanique qui devaient dans les années 1881, 1882 et 1883 être la cause d'un important conflit diplomatique entre l'Angleterre et les États-Unis. L'étude des rapports des Cabinets de Londres et de Washington à ces deux dates de 1850 et de 1881 nous montre

(1) *Le canal de Panama et le Droit international*, par M. Antoine S. de Bustamante, professeur de droit international à l'Université de la Havane. *Revue de dr. int. et de législ. comp.*, 1895, p. 112 et s.

d'ailleurs les progrès qu'avait fait en trente ans l'interprétation de la doctrine de Monroë que nous verrons sous ses deux faces, défensive en 1850, agressive en 1881.

I.

L'idée d'une communication maritime entre l'Océan Pacifique et l'Océan Atlantique était aussi ancienne que la découverte du Nouveau-Monde, mais la question du percement de l'isthme de Panama ne prenait pas au xviiie siècle un caractère international, puisque l'Espagne, alors une grande puissance, était maîtresse incontestée de toute l'Amérique centrale. La révolte des colonies espagnoles et l'établissement de petites Républiques indépendantes sur les bords de l'Atlantique et du Pacifique lui donnèrent ce caractère. Aucun des nouveaux États en effet n'était assez fort pour demeurer pleinement à l'abri des sollicitations des grandes puissances, et celles-ci devaient chercher à dominer dans les Républiques sur les territoires desquelles les ingénieurs projetaient de creuser le futur canal : la Colombie et le Nicaragua étaient plus particulièrement visés. Parmi les grandes puissances, deux devaient déployer une particulière activité, l'Angleterre et les États-Unis.

Cette question intéressait vivement les États-Unis et l'interprétation la plus modérée de la doctrine de Monroë devait leur fournir les moyens d'intervenir. Leur concours était d'ailleurs demandé par les petites Républiques américaines : au Congrès de Panama (8 févr. 1825), le Nicaragua sollicitait des États-Unis leur appui dans le but de s'assurer la possession commune du Canal. Le Gouvernement de Washington prenait également ses précautions dans le cas où le canal serait creusé dans l'isthme de Panama, territoire colombien. Le 12 décembre 1846 il signait avec la Nouvelle-Grenade (aujourd'hui Colombie) un traité qui lui assurait un droit de passage et de transit privilégié à travers l'isthme de Panama « par tous les moyens de communication existant aujourd'hui ou qui seront creusés plus tard ». En échange de ces avantages, les États-Unis garantissaient à la Nouvelle-Grenade « la parfaite neutralité de l'isthme, afin que le libre transit d'une mer à l'autre ne puisse être interrompu ni empêché à l'avenir tant que le traité subsistera »; ils garantissaient aussi les droits de souveraineté de la Nouvelle-Grenade sur les territoires en question.

Par des accords internationaux librement consentis, ils s'assuraient donc à la fois au Nicaragua et en Colombie une situation privilégiée.

Mais les Anglais ne pouvaient tolérer un pareil accord qui les eût mis dans un état d'infériorité manifeste; prenant comme point d'appui leurs établissements du Honduras Britannique, ils essayèrent d'imposer au Nicaragua leur protectorat. Les États-Unis protestèrent au nom des principes de Monroë, mais ils comprirent qu'il leur fallait partager la proie qu'ils ne pouvaient garder seuls; le

19 janvier 1850 était signé le fameux traité Clayton-Bulwer.

II.

Par le traité Clayton-Bulwer, ainsi appelé du nom des diplomates qui l'avaient signé, l'Angleterre et les États-Unis, sans se préoccuper du concours des Républiques directement intéressées, réglaient la situation du futur canal qui traverserait, croyait-on, le territoire du Nicaragua.

Les deux Gouvernements s'interdisaient d'exercer jamais sur le passage un *contrôle exclusif* et d'essayer d'obtenir pour leurs ressortissants respectifs des avantages séparés. Ils s'engageaient également, la voie une fois ouverte, « à la protéger contre toute interruption, saisie ou confiscation injuste », et à garantir sa neutralité « de manière que le canal soit toujours ouvert et libre et que le capital engagé soit en sûreté » (art. 5). Par les articles suivants, ils convenaient d'entrer en relations avec les Gouvernements de l'Amérique centrale pour leur faire accepter leurs vues, et d'offrir aux autres nations de conclure avec eux des conventions semblables, « afin que tous les États puissent partager l'honneur et l'avantage d'avoir contribué à une œuvre d'une si grande importance et d'un intérêt si général ». Enfin l'article 8 déclarait vouloir étendre la protection des deux États au moyen de conventions « à toute autre communication praticable par canal ou par chemin de fer à travers l'isthme qui unit l'Amérique du Nord à l'Amérique du Sud, et spécialement aux communications par canal ou par chemin de fer actuellement projetées par la voie de Téhuantepec ou de Panama, pourvu qu'il soit prouvé qu'elles soient praticables ».

Le traité Clayton-Bulwer, par la faculté d'accession réservée à tous les États qui en accepteraient les clauses, assurait le caractère international du futur canal. Les États-Unis acceptaient donc de ne tenir dans l'Amérique centrale aucune place privilégiée. Plusieurs de leurs hommes d'État déclaraient que les États-Unis ne pouvaient souffrir de cette situation et que leurs intérêts n'exigeaient aucunement que le canal ne fût pas international. Le secrétaire d'État Clay, dans une lettre du 8 mai 1826 à MM. Sergeant et Anderson, avait déjà affirmé « que les avantages d'un canal ouvert à travers l'isthme, permettant le passage des navires d'un océan à l'autre, ne doivent pas être exclusivement utilisés au profit d'une nation, mais au profit de toutes les nations du monde, moyennant le paiement équitable d'une somme déterminée ou de droits raisonnables ». M. Cass s'était également montré de cet avis, et son opinion avait d'autant plus de valeur que nous savons cet homme politique ami du Président Polk, et très disposé par conséquent à étendre la sphère d'application de la doctrine de Monroë. Devenu secrétaire d'État, M. Cass soutenait le 15 janvier 1853 la nécessité de maintenir l'indépendance des Républiques de l'Amérique Centrale sur le territoire desquelles serait creusé le canal. Il écrivait à lord Napier le 8 novembre de la même année « que les États-Unis désiraient assurer dans l'Amérique Centrale, outre le bonheur desdites Républiques, la sûreté et la neutralité des voies interocéaniques qui les traverseront »; et quelques jours après, le 25 novembre, il manifestait de nouveau à M. Mason « le désir de voir le chemin de l'isthme ouvert au commerce et au transit universels, avec le désir non moins vif de voir les États de cette région bien gouvernés, florissants et affranchis de toute domination étrangère ».

III.

Mais le prodigieux développement de la puissance économique des États-Unis devait les amener à ne plus se contenter dans l'isthme de Panama du régime commun à toutes les nations, et à désirer des avantages particuliers. La création d'une voie de communication entre les deux océans paraissait en 1881 devoir passer de la période des études préparatoires à la réalisation, et il semblait que M. de Lesseps, recommençant l'œuvre glorieuse qu'il avait réussie dans l'isthme de Suez, allât percer l'isthme de Panama sur le territoire colombien.

M. Blaine était alors le secrétaire d'État du président républicain Garfield. C'était un homme politique passionné pour la grandeur de son pays, mais d'une activité un peu brouillonne, et peu scrupuleux sur le choix des moyens qu'il employait pour arriver à ses fins : c'était le parfait représentant des jingoës américains. M. Blaine ne devait pas laisser échapper l'occasion qui s'offrait d'assurer à son pays dans l'Amérique centrale une situation privilégiée; la doctrine de Monroë convenablement interprétée devait lui en fournir les moyens.

Les jingoës américains feignaient de croire que la construction du canal par une compagnie française amènerait dans l'isthme la prépondérance de notre influence et peut-être ensuite notre domination. Ils ne voulaient pas se rappeler le percement de l'isthme de Suez et la parfaite correction avec laquelle la France avait rempli ses devoirs internationaux; ils ne songèrent pas davantage au faible intérêt économique que nous avions au percement de l'isthme, œuvre gigantesque qui devait nous payer surtout en gloire. « La susceptibilité de quelques personnes, dit M. de Bustamante, en est arrivée jusqu'au point de déclarer intolérable, et cela en se payant de mots plutôt que de solides raisons, l'obligation imposée au commerce américain de se soumettre dans les eaux américaines à un contrôle étranger, et l'illustre M. Blaine n'admettait comme possible la concession à une compagnie étrangère, c'est-à-dire européenne, qu'à la condition d'assurer doublement la propriété du canal par le droit de la Colombie et par la garantie supérieure des États-Unis ». Le Comité des Affaires Étrangères de la Chambre des représentants déclarait que le commerce des États-Unis exigeait qu'ils eussent sinon la propriété, du moins le contrôle du canal interocéanique; s'il était concédé à une société étrangère, le Gouvernement de Washington devrait acheter la plus grande partie des actions afin d'exercer dans les assemblées de la société une influence décisive. Les hommes d'État Américains les plus considérables jugeaient indispensable que la nouvelle voie fût placée sous le protectorat commun des États-Unis et de la République sur le territoire de laquelle elle serait creusée : aucun privilège ne serait conféré aux États-Unis en temps de paix, mais ils posséderaient aux extrémités du canal des stations militaires.

M. Blaine semblait donc obligé de suivre l'opinion qu'il dirigeait secrètement. Les Américains réclamaient une situation singulièrement différente de celle que leur imposait le traité Clayton-Bulwer. Les Gouvernements de Londres et de Washington s'étaient interdits en 1850 d'exercer jamais sur le futur canal « un contrôle exclusif » et les Américains revendiquaient maintenant sur l'isthme de Panama un véritable protectorat. La petite République de Colombie semblait, à dire vrai, ne pas s'y opposer nettement ; le Nicaragua consentait à laisser les États-Unis creuser un canal américain sur son territoire et le Gouvernement de Washington invoquait habilement le traité de 1846 ainsi que les bonnes relations qu'il n'avait cessé d'entretenir avec les petits États du centre.

Il restait à persuader l'Angleterre, la principale intéressée, mais elle était alors fort occupée en Égypte, et M. Blaine espérait profiter de ses embarras. La situation privilégiée qu'elle cherchait à prendre sur le canal de Suez n'était d'ailleurs pas sensiblement différente de celle que les États-Unis revendiquaient sur le futur canal de Panama.

Dans une première dépêche du 24 juin 1881, M. Blaine appelait l'attention du Gouvernement britannique sur les obligations qu'imposait, d'après lui, aux États-Unis le traité signé en 1846, avec la Nouvelle-Grenade. Lord Granville déclara s'en référer purement et simplement au traité Clayton-Bulwer.

Ce n'était qu'une escarmouche, la bataille s'engagea bientôt. Dans une dépêche du 19 novembre 1881, demeurée célèbre, le secrétaire d'État chargeait M. Lowell, ministre américain à Londres de demander à lord Granville une modification du traité de 1850. D'après lui, le traité Clayton-Bulwer n'était pas un véritable traité, mais une simple convention amenée par des circonstances absolument exceptionnelles qui ne pouvaient plus se reproduire et disparaissant avec elles. Tout était un argument favorable à la thèse de M. Blaine. Le fait même pour l'Angleterre d'avoir à sa disposition une puissante marine militaire, alors que les Américains ne possédaient que quelques vaisseaux de guerre, constituait pour les États-Unis un désavantage considérable qu'une situation privilégiée dans l'isthme pouvait seule compenser. Le futur canal n'était d'ailleurs pas une voie internationale, puisqu'aucun État n'avait fait usage de la faculté d'accession au traité de 1850 qui avait été réservée au profit de tous les États. La prépondérance que les Anglais essayaient d'obtenir dans l'isthme de Suez était habilement rappelée. Enfin, la position géographique des États-Unis les obligeait d'après M. Blaine à veiller avec une particulière attention sur le

futur canal et à empêcher toute puissance de s'en emparer : « Il en résulterait pour le commerce des États-Unis
des pertes telles que le Gouvernement se verrait obligé de
soutenir une guerre défensive et protectrice dans le seul
but d'obtenir ce droit d'intervention, qui, d'ores et déjà,
est dû à la situation et aux besoins des États-Unis ».
Et, insistant sur le caractère d'après lui essentiellement
pacifique de la nation américaine, M. Blaine concluait
que l'intérêt même de toutes les puissances qui seraient
appelées à se servir du canal exigeait qu'il fût placé
sous la surveillance d'un État hostile à toute idée de
guerre, mais capable de le défendre au besoin par la
force.

Les États-Unis demandaient en conséquence l'annula-
tion de la clause du traité Clayton-Bulwer qui défendait
aux contractants de fortifier les abords du passage et
d'exercer dans ses eaux un *contrôle politique* « conjointe-
ment avec le pays où il serait creusé ». Ils réclamaient le
droit d'acquérir des stations dans les environs. Un des
derniers points de la dépêche de M. Blaine à M. Lowell
est particulièrement significatif : « Si l'on demande pourquoi les États-Unis s'opposent à l'approbation des Gouvernements européens des termes de la neutralité pour
l'opération d'un canal, je répondrai que le droit d'approbation implique le droit d'improbation, et qu'ainsi toute
la question étant considérée comme question internationale
sera ouverte aux contestations. L'intention arrêtée des
États-Unis est d'en faire strictement et uniquement une

question américaine, qui devra être discutée et décidée par le Gouvernement américain ».

C'était l'expulsion de l'Europe : l'Angleterre défendit avec énergie les droits du Vieux Monde.

M. Blaine insistait sans cesse sur les difficultés d'interprétation auxquelles avait donné lieu le texte de 1850 ; « ses stipulations, disait-il, ont été trois fois l'objet d'une proposition d'arbitrage quant à leur signification ; sa modification et son abrogation ont été fortuitement envisagées, et son caractère vexatoire et imparfait a été constaté à plusieurs reprises des deux parts ». Mais à toutes les demandes et à toutes les sollicitations, lord Granville opposait le texte du traité ; à des citations d'hommes d'État américains qui le jugeaient inapplicable, il opposait d'autres citations : le Président Buchanan notamment avait considéré la question comme réglée « d'une manière amiable et honorable » ; il opposait « à la phraséologie défectueuse d'une seule partie du traité », « les principes et la base de cet arrangement dont l'importance a été pleinement reconnue [1] ».

L'assassinat du Président Garfield et l'arrivée aux affaires du vice-président Arthur amena le remplacement de M. Blaine par M. Frelinghuysen. Un secrétaire d'État républicain remplaçait un républicain, et le parti alors au pouvoir manifestait dans ses relations extérieures une grande activité et des vues à peine déguisées d'intervention

____

(1) Bustamante, p. 132.

dans la politique des petits États américains. M. Frelinghuysen continua l'œuvre de M. Blaine : aux refus de lord
Granville, il riposta que les sept premiers articles du traité
Clayton-Bulwer s'appliquaient uniquement au canal projeté du Nicaragua, que l'article 8 seul se référait aux
projets de canal antérieurs à cette époque et non aux
projets postérieurs, et que cet article 8 n'avait d'ailleurs
jamais été exécuté. Dans toute cette discussion qui avait
pour point de départ la prétendue observation des principes de Monroë, lord Granville s'en tenait avec une courtoise ténacité au texte du traité de 1850, déclarant avec
une fine ironie que la doctrine de Monroë n'avait pas
toujours été acceptée par tous les Présidents et qu'elle ne
pouvait d'ailleurs pas infirmer un traité librement consenti; il prenait habilement la défense des intérêts européens en invitant le Cabinet de Washington à convoquer
une réunion internationale qui garantirait la neutralité du
canal de Panama.

IV.

Le retour à la Maison-Blanche d'un Président démocrate
vint mettre fin aux débats. Les Démocrates, nous le verrons plus tard, devaient montrer dans le règlement des affaires extérieures une plus grande modération que les Républicains, et plus particulièrement que leurs adversaires, ils
consacraient leur activité à des questions de politique inté-

rieure. Avec l'honnêteté courageuse dont il devait plus d'une fois donner la preuve, M. Grover Cleveland [1], refusa de suivre son prédécesseur et de chercher à obtenir pour son pays une situation que celui-ci s'était formellement engagé par traité à ne pas revendiquer. Il reprit pour son compte la théorie que nous avons déjà vu formulée par Clay et Cass, théorie en vertu de laquelle le canal interocéanique devait rester neutre, à l'abri de l'influence directe et prépondérante de tout État, des États-Unis comme d'un autre. Voici les principaux passages de son premier message : « L'intérêt qui existe pour les États-Unis dans la création d'une voie maritime à travers l'isthme qui sépare l'Atlantique du Pacifique s'est révélé plus d'une fois dans les cinquante dernières années. Mon prédécesseur a combiné avec le Nicaragua un traité ayant pour but la construction par les États-Unis et à leurs frais d'un canal creusé à travers le territoire du Nicaragua, et il a présenté un projet de traité au Sénat. Cette affaire n'étant pas encore résolue, je l'ai retirée pour l'examiner moi-même, et, après une étude approfondie, j'ai renoncé à le présenter à nouveau. Soutenant, comme je fais, une série de précédents, qui, depuis le traité de Washington, sont venus nous défendre la conclusion d'alliances avec les pays étrangers, je ne dois pas favoriser une politique qui tendrait à acquérir de nouveaux territoires ou à mêler nos intérêts

(1) M. Cleveland avait été le concurrent de M. Blaine dans l'élection qui s'était terminée par le succès de Garfield.

aux intérêts étrangers..... Notre devoir actuel nous oblige à nous consacrer spécialement au développement des richesses naturelles qui existent sur notre immense territoire, dans la culture pacifique des arts sans sortir des limites de nos frontières, et cela, tout en veillant avec un soin jaloux à ce que le continent américain ne soit jamais mêlé aux problèmes politiques et aux complications qui peuvent intéresser des gouvernements si éloignés de nous. Je ne saurais en conséquence approuver des propositions qui ont pour objet des questions de privilèges suprêmes de domaines ou de droits hors de notre propre frontière, questions auxquelles vient s'ajouter la promesse absolue et illimitée de défendre l'intégrité du territoire de l'Union dans lequel sont situés lesdits intérêts ». Et M. Cleveland terminait en concluant à « la nécessité de neutraliser tout transit océanique, chose qui ne pourra se faire que lorsque la voie sera ouverte à toutes les nations, sans être sujette à l'ambition ou aux convenances militaires d'aucune ».

Ce langage si ferme nous ramenait à l'interprétation la plus honnête des principes de Monroë, et différait singulièrement de ces doctrines *seconde manière,* comme on les a appelées, que nous avons vu invoquer. C'était, en effet, la véritable politique de Monroë : plusieurs points des passages de cet éloquent message rappelaient même la célèbre *Adresse d'adieu* de Washington.

Grâce aux pouvoirs considérables du Président des États-Unis en matière de politique extérieure, la question du canal interocéanique fut provisoirement laissée dans l'ombre et l'échec financier de la combinaison française la ramena encore une fois pour un temps à la période d'études.

Mais lorsque les Républicains revinrent aux affaires, ils reprirent avec le Nicaragua des négociations dans le but de creuser sur le territoire de cet État un canal interocéanique. Cette œuvre gigantesque serait accomplie par une société privée autorisée par le Nicaragua, mais cette société privée serait une société américaine et le Gouvernement de Washington lui garantirait 500 millions. Le Gouvernement américain, possédant ainsi toutes les actions, serait le maître absolu du futur canal.

Après des alternatives de succès et d'insuccès, les négociations ne paraissent pas avoir abouti. Au mois de janvier 1897, le secrétaire d'État Olney communiqua au Sénat une note du ministre du Centre-Amérique, déclarant « qu'un pareil transfert au profit du Gouvernement des États-Unis était interdit par les clauses mêmes de la concession, et emportait sa déchéance ». Il expliquait aussi que pour d'autres raisons la Compagnie était déjà déchue de tous ses droits, et que le Nicaragua ne la considérait plus comme régulièrement constituée [1]. Cette protestation enleva au parti jingoë tout espoir de faire voter au Sénat le projet dont nous avons parlé. M. Morgan, un des partisans les plus zélés de cette ingénieuse combinaison, n'osa tenter aucun effort dans ce sens quand il vint affirmer que la déclaration du ministre du Centre-Amérique était une ruse sus-

____

(1) Dunning, *Revue politique et parlementaire*, 1897.

citée par l'Angleterre, et qu'il présenterait à nouveau le projet dans la prochaine session.

Le 12 janvier 1897, le même M. Morgan proposait au Sénat une résolution conjointe tendant à l'abrogation du traité Clayton-Bulwer; le 15 février, le Sénat par 32 voix contre 31 votait la discussion, et renvoyait le projet pour examen à son comité diplomatique, qui nommait à son tour une commission spéciale pour l'examen de cette question [1]. Elle ne paraît pas être venue de nouveau en délibération. Remarquons seulement que la fédération en un seul État au point de vue extérieur des cinq petites Républiques de l'Amérique Centrale, fédération dont nous dirons plus loin quelques mots, rend le Nicaragua plus fort pour discuter avec les États-Unis. Le traité Clayton-Bulwer est un acte bilatéral, que la seule volonté du Cabinet de Washington ne suffit pas régulièrement à rompre. Enfin une nouvelle Compagnie française, formée des ruines de l'ancienne, travaille en silence à creuser un canal dans l'isthme de Panama.

Affaire du Vénézuéla.

Si les Jingoës avaient échoué en 1883 dans léurs entreprises sur l'isthme de Panama, l'action de la diplomatie américaine au Vénézuéla devait leur réserver les plus complètes satisfactions. Les affaires du Vénézuéla marquent en

(1) *Le Temps* du 23 juillet 1897.

effet le triomphe de ce qu'on a appelé la doctrine de Monroë, *seconde manière* : elles devaient amener les États-Unis à intervenir dans un différend de frontières survenu entre l'Angleterre et le Vénézuéla et à prendre contre l'Angleterre la défense de la petite République Sud-Américaine, sans même que celle-ci eût demandé leur secours.

La situation géographique du Vénézuéla l'avait de tout temps signalé à la puissante protection des États-Unis. La fertilité prodigieuse de son sol attirait un certain nombre d'émigrants européens, et le voisinage des colonies hollandaises de Curaçao, des colonies anglaises de la Trinité et de la Guyane inquiétait le Cabinet de Washington. Le Vénézuéla était l'extrémité de cet arc de cercle qui borde à l'Est la mer des Antilles, et qui, composé de Cuba, d'Haïti, de Porto-Rico, des petites Antilles danoises, anglaises, françaises et hollandaises renferme les derniers vestiges de l'Empire du Vieux Monde en Amérique. Les révolutions étaient fréquentes à Caracas, et nombreuses les vexations imposées aux Européens et dont se plaignaient les agents diplomatiques. Les États-Unis intervenaient toujours quand les Gouvernements des sujets molestés menaçaient d'agir avec quelque énergie. En 1881 notamment, M. Blaine avait declaré que c'était « avec une grande anxiété » que les États-Unis verraient la France employer la force pour obliger le Vénézuéla à payer à ses ressortissants des indemnités qui leur étaient dues [1]. Le Gouvernement vénézuélien était

_____

(1) M. Blaine à M. Noyes, 23 juillet 1881, dans Wharton, I, § 57, p.

faible; les grandes puissances usaient avec lui de modération : des indemnités étaient promises, et les relations diplomatiques reprenaient pour un temps.

I.

En 1895, la nature du différend était tout autre.

D'anciennes difficultés existaient entre la Guyane anglaise et le Vénézuéla au sujet de leurs frontières. Les Anglais avaient reçu en 1814 du Gouvernement hollandais une partie de la Guyane, et il semble que la frontière occidentale de leur nouvelle colonie fût alors le cours de l'Essequibo, mais ils héritaient en même temps des prétentions des Hollandais qui n'avaient jamais été d'accord avec les Espagnols sur les limites de leurs possessions respectives. La Colombie, puis en 1831 le Vénézuéla qui se séparait de la Colombie héritaient de leur côté des prétentions des Espagnols.

La découverte de mines d'or et de terrains diamantifères sur la rive gauche de l'Essequibo amenèrent bientôt les Anglais à dépasser cette rivière. Le Gouvernement vénézuélien, muet tout d'abord, ne protesta que lorsqu'il crut à la richesse des territoires sur lesquels s'avançaient ses compétiteurs, et ses protestations étaient d'autant plus

295. Les relations diplomatiques, de nouveau rompues entre la France et le Vénézuéla en 1895, ont été reprises le 21 juin 1897.

énergiques que le terrain nouvellement occupé lui paraissait avoir plus de valeur. Les anciennes discussions des
Espagnols et des Hollandais reprirent ; de vieux textes
furent exhumés ; plus de 150 pages d'un *Livre bleu* publié
en mars 1896 par le Gouvernement britannique sont relatives à des contestations survenues aux xvii° et xviii° siècles
entre les Cabinets de Madrid et de La Haye ; plusieurs
remontent au milieu du xvi° siècle.

En 1840 cependant, la question parut sur le point de
recevoir une solution définitive. Un explorateur allemand,
Robert Hermann Schomburgk, qui était aussi un botaniste,
fut chargé, sous la direction de la Société royale de Géographie de Londres, de déterminer pour le compte du Gouvernement britannique la frontière occidentale de la
Guyane. Schomburgk, pourvu du titre de « Commissioner
of Survey » de Sa Majesté Britannique, proposa une ligne
de démarcation ; les commissaires vénézuéliens lui en oppo-
sèrent immédiatement une autre qui réduisait dans des
proportions considérables la Guyane anglaise. La première
tentative faite pour trancher le débat ne put donc pas aboutir.

En 1844, nouvelle tentative : lord Aberdeen propose de
diviser en deux parts le territoire contesté ; ne recevant
point de réponse et regrettant la concession qu'il avait
faite, il chargeait en 1850 l'agent britannique à Caracas de
déclarer au Gouvernement vénézuélien qu'il ne maintenait
plus ses offres.

Mais en 1875, effrayé des empiètements britanniques, le
Vénézuéla témoigna de nouveau le désir d'en finir avec

une question que le moindre incident devait rendre irritante. L'arrestation d'un certain Thomas Parrett sur le territoire contesté amena le Président Blanco à protester contre ce qu'il appelait une violation du territoire vénézuélien. D'autres faits du même genre se reproduisirent. En 1877, M. de Rojas, ministre du Vénézuéla à Londres, appelait encore l'attention de lord Derby sur la nécessité de déterminer par un traité la frontière contestée; au mois de février 1878, il offrait après de longues discussions une ligne de démarcation qui rappelait sensiblement la frontière offerte en 1844 par lord Aberdeen. En septembre 1881, lord Granville proposait une autre frontière que le Vénézuéla refusait à son tour.

La question menaçait de s'éterniser; lord Roseberry essaya de la préciser, et, le 20 juillet 1886, il soumettait au général Guzman Blanco un projet de memorandum; seul le territoire compris entre les frontières proposées par M. de Rojas le 21 février 1881 et lord Granville le 15 septembre de la même année serait l'objet d'un arbitrage. Refus du général Blanco, qui déclare que l'aliénation de tout territoire compris en 1810 dans la capitainerie-générale du Vénézuéla est interdite par la constitution.

Enfin, en octobre 1886, le Gouvernement britannique déclare qu'il considère la ligne Schomburgk comme *irréductible,* et qu'il n'acceptera un arbitrage que pour les territoires situés à l'ouest de cette ligne. Il n'agissait peut-être pas avec une grande générosité, puisqu'il refusait à un État faible comme le Vénézuéla la satisfaction d'amour-propre d'un arbitrage pour toute l'étendue du territoire contesté ; il ne devait d'ailleurs point redouter la décision de l'arbitre, puisqu'il se disait certain du bien-fondé de ses prétentions ; mais il n'est pas douteux que sa conduite ne fût strictement correcte au point de vue des règles du droit international : personne au monde ne pouvait lui imposer un arbitrage dont il ne voulait point.

Comme le fait remarquer M. Desjardins [1], les États-Unis auraient dû intervenir dans cette longue affaire dès son début au nom des principes de Monroë ; mais ils n'en avaient rien fait : leur intérêt ne le leur commandait point. En 1881 seulement, M. Blaine envoie au Gouvernement vénézuélien quelques bonnes paroles. Son successeur M. Frelinghuysen émet, mais bien timidement, l'idée d'un arbitrage. Lors de son retour aux affaires, en 1889, M. Blaine observait vis-à-vis de l'Angleterre et du Vénézuéla la même attitude correcte qu'en 1881.

II.

C'est sous la seconde administration de M. Cleveland, dont nous avons admiré l'honnête et courageuse fermeté lors des événements de Panama, que les États-Unis devaient se départir, au nom de la doctrine de Monroë, de la neutralité qu'ils avaient gardée jusqu'alors. La période des élections présidentielles approchait, et le parti démo-

[1] *Revue de dr. int. public*, 1896.

crate, auquel les Républicains avaient reproché sa modération en 1883, ne voulait pas laisser à ses adversaires le monopole du *jingoïsme*. Les ennemis de M. Cleveland insinuaient aussi que la concession de quinze millions d'hectares du territoire contesté à l'embouchure de l'Orénoque, faite à un syndicat américain, contribuait à expliquer la politique militante du Président. Il est plus vraisemblable de croire que cette politique fut surtout l'œuvre du secrétaire d'État M. Olney. M. Cleveland, absorbé tout entier par l'étude des questions intérieures, n'attachait qu'une attention médiocre aux affaires internationales qu'il abandonnait à son secrétaire d'État; MM. Bayard et Gresham, qui l'avaient servi jusqu'ici, avaient été modérés; l'arrivée aux affaires de M. Olney, à la mort de M. Gresham (28 mai 1895), marque précisément la naissance d'une politique agressive.

Le Congrès avait émis le vœu « que la proposition de résoudre la question par un arbitrage fût recommandée vivement aux deux parties »; M. Olney, « jurisconsulte éminent et peut-être un peu trop pressé de montrer sa grande instruction, jugea qu'il était opportun de révéler au monde le droit international sous un nouvel aspect [1] », et il entreprit de continuer l'œuvre de M. Blaine. Par ses ordres, M. Bayard, ambassadeur des États-Unis à Londres, remettait à lord Salisbury le 7 août 1895 une longue dépêche qui contenait l'exposé de la ligne de conduite que les États-Unis voulaient suivre désormais.

[1] M. Desjardins.

Le secrétaire d'État commençait par établir que « la sécurité et la prospérité des États-Unis sont suffisamment intéressés au maintien de l'indépendance d'un État américain quelconque à l'égard des puissances européennes pour justifier et nécessiter leur intervention dans tous les cas où l'une de ces indépendances est en danger ». Puis, il essàyait de démontrer que la diplomatie américaine avait toujours agi dans ce sens; il affirmait notamment qu'en déclarant dans son message de 1870 que les possessions des puissances européennes dans le Nouveau-Monde ne pouvaient plus changer de condition que pour devenir des nations indépendantes, le Président Grant n'avait fait que « se conformer aux enseignements de toute leur histoire [1] ». L'interprétation qu'il donnait de la doctrine de Monroë mérite d'être citée tout entière : « Elle se fonde, disait-il, sur des faits et sur des principes aussi compréhensibles qu'incontestables. Il est impossible de nier que l'éloignement et trois mille milles d'Océan rendent aussi peu naturelle que peu commode une union politique entre un État européen et un État américain. Mais les considérations physiques et géographiques sont les moindres obstacles à une telle union. L'Europe, comme Washington le remarqua, a un lot d'intérêts essentiels qui lui sont particuliers..... Ce qui est vrai quant aux intérêts matériels ne l'est pas moins de ce que l'on peut appeler les intérêts moraux. Ceux qui concernent l'Europe lui appartiennent en propre, et diffèrent

_____

[1] Cf., p. 97 et s.

totalement de ceux qui appartiennent en propre à l'Amérique ». Et plus loin, après avoir insisté sans beaucoup de discrétion, sinon sans beaucoup de générosité sur la force des États-Unis qui faisait d'eux en Amérique « *les maîtres de la situation* », M. Olney terminait ainsi : « La prétention de la Grande-Bretagne sur le territoire discuté et son refus de laisser examiner les droits qu'elle dit posséder constituent un accaparement de territoire à son profit. Ne pas déclarer hautement que cette conduite sera regardée comme une offense à la nation des États-Unis, ce serait se départir de la politique traditionnelle à laquelle sont étroitement liés l'honneur et la prospérité de notre pays... Nous réclamons une réponse nette à cette question : la Grande-Bretagne accepte-t-elle ou refuse-t-elle de soumettre à un arbitrage impartial la question de frontière du Vénézuéla dans sa totalité? Le veu le plus sincère du Président est que la décision soit en faveur de l'arbitrage... Si toutefois le Président doit être déçu dans son espoir, (hypothèse qu'il ne veut point envisager comme possible, et qui, à mon sens, gênerait fort dans l'avenir les relations de ce pays avec la Grande-Bretagne), son désir est d'en être avisé à temps ». Cette démarche avait été faite sans le consentement du Vénézuéla. « L'honneur et la prospérité du pays » Américain exigeaient que les États-Unis étendissent sur l'Amérique du Sud un gigantesque protectorat tacitement convenu; tel était le nouveau sens de la doctrine de Monroë interprétée par M. Olney.

A cette impérieuse mise en demeure, à cette proposition

d'arbitrage forcé que M. Desjardins condamne avec une juste indignation, lord Salisbury répondit avec dignité. Dans deux dépêches, datées toutes les deux du 26 novembre 1895, adressées à sir J. Pauncefote, ambassadeur de la Grande-Bretagne à Washington, il protestait contre l'application faite dans le cas présent de la doctrine Monroë et il remettait la question au point [1]. « On verra de ce qui précède, disait-il, que le Gouvernement de la Grande-Bretagne a eu, dès le début, la même façon de voir sur l'extension territoriale qu'il est autorisé à revendiquer comme résultant d'un droit incontestable. Elle comprenait la ligne de côte jusqu'à la rivière Amacura et tout le bassin de la rivière Essequibo et de ses tributaires. Il y a une partie de cette revendication cependant de laquelle le Gouvernement anglais a toujours été prêt à se désister; quant à une autre portion, il a été et continue d'être parfaitement prêt à soumettre la question de son titre à un arbitrage. Pour ce qui regarde le reste, c'est-à-dire le territoire qui se trouve situé à l'intérieur de la ligne appelée Schomburgk, il ne considère pas que les droits de l'Angleterre puissent être mis en question.... ». Et, déclarant que cette discussion ne relevait à aucun titre des principes de Monroë, il terminait en affirmant fièrement sa volonté de ne point céder aux injonctions brutales du Gouvernement américain, « car la puissance de l'Angleterre elle-même est mise en jeu, quand il s'agit de

---

(1) *Archives diplomatiques,* 1896, p. 277.

défendre ceux qui se sont établis n'importe où se fiant
à la force de sa possession *de facto*. C'est là un principe
pour lequel probablement l'Angleterre et les États-Unis
à la fois iraient jusqu'à risquer leur existence même, plutôt
que de céder ».

III.

La dépêche de M. Olney n'avait engagé qu'un combat
d'avant-garde destiné à éclairer le terrain. Dès que la réponse de lord Salisbury fut arrivée à Washington, le Président Cleveland envoya au Congrès un message enflammé
(18 décembre). « Commentant la réponse du Gouvernement britannique, qui sans repousser la doctrine de Monroë,
la considérait comme inapplicable au différend de frontières anglo-vénézuélien, le Président Cleveland déclarait
que l'interprétation donnée par les Américains à la doctrine de Monroë était juste et forte. Cette doctrine est importante pour la sécurité de la nation ; elle est essentielle
pour le maintien des institutions, elle s'applique à toutes
les phases de la vie nationale, elle ne peut pas tomber en
désuétude. Elle est absolument applicable au cas où une
puissance européenne cherche, en étendant ses frontières, à
s'emparer d'un territoire appartenant à une république du
continent américain (1) ». Et M. Cleveland, afin de faire

(1) *Le Temps.*

approuver par les représentants de la nation sa politique extérieure, que la constitution l'autorisait à diriger seul, demandait au Congrès de voter les crédits nécessaires à l'envoi d'une commission d'enquête qui ferait dans le plus bref délai possible un rapport sur la véritable frontière qu'il conviendrait d'attribuer au Vénézuéla : « une fois ce rapport établi, disait le Président, ce sera le devoir des États-Unis de résister par tous les moyens en leur pouvoir, comme à une attaque faite de propos délibéré contre leurs droits et leurs intérêts, à la prise de possession par la Grande-Bretagne de tout territoire que les investigations des faits démontreront appartenir de droit au Vénézuéla..... ». « Je ne me dissimule en rien, disait-il en terminant, la pleine responsabilité que j'encours en faisaut ces recommandations, et je me rends parfaitement compte des conséquences qui peuvent en découler. Tout en reconnaissant que c'est une chose pénible que d'envisager les deux grandes nations de langue anglaise dans une position réciproque autre que celle de la concurrence amicale dans la marche vers le progrès et vers la paix, j'estime qu'il n'y a pas de calamité comparable à celle qui résulte d'une soumission passive aux torts et à l'injustice et à la perte de l'honneur national ».

La doctrine de Monroë conduisait donc que les États-Unis à étendre sur le Sud tout entier un immense protectorat : l'*honneur national* l'exigeait impérieusement.

Le message détermina en Amérique une explosion de patriotisme et d'orgueil : les divisions politiques s'effacèrent, tous les Américains ne formèrent plus qu'un parti : la doctrine de Monroë opérait ce prodige.

Le coup de tonnerre frappé par M. Cleveland ne produisit heureusement pas en Angleterre tout l'effet qu'on aurait pu craindre. La vieille métropole britannique traita son ancienne colonie émancipée comme un enfant gâté, fier de sa force trop récente, qu'il fallait traiter avec une paternelle bienveillance. Le sentiment qui prévalait était la surprise. Le *Daily News,* organe officiel de l'opposition libérale, écrivait : « la doctrine de Monroë, qui en 1823 était susceptible de sérieuse considération, est maintenant tombée en discrédit. M. Cleveland ne s'est pas expliqué en un langage employé par une puissance amie, ses paroles sont agressives et même menaçantes. L'Angleterre est menacée de guerre à moins qu'elle ne permette à M. Cleveland de faire la délimitation des frontières du Vénézuéla ; mais le public américain ne se laissera pas prendre à de si absurdes considérations. Le principe d'arbitrage n'est plus qu'un vain mot quand il s'agit d'exigences aussi fantastiques ». Et le *Daily Chronicle,* un des premiers organes unionistes, donnait la note juste en disant : « En vérité, de ce côté-ci de l'Atlantique, cette invocation de la doctrine de Monroë nous semble inapplicable parce qu'il n'est pas question d'extensions territoriales, et absurde parce qu'une déclaration concernant la politique américaine ne saurait être élevée à la hauteur d'un principe de droit international ».

Cependant, en Amérique, l'enthousiasme belliqueux était à son comble. Les propositions les plus étranges et les plus extrêmes rencontraient le plus vif succès. M. Grant proposait un projet de loi autorisant l'émission de bons du Trésor pour la construction de forts sur les côtes et sur la frontière canadienne. M. Chandler proposait l'ouverture d'un crédit de cent millions de dollars pour l'achat de fusils et de canons. Les télégrammes de félicitations affluaient à la Maison-Blanche : il semblait que toute l'Amérique du Sud acceptât la protection que les États-Unis lui imposaient sans la consulter. Le général Roca, Président provisoire de la République Argentine, était des premiers à témoigner sa satisfaction. Les ministres du Vénézuéla, du Mexique et du Brésil apportaient à M. Olney leurs félicitations pour l'énergique affirmation que faisait M. Cleveland de la doctrine de Monroë. Le Sénat et la Chambre brésiliens approuvaient son message. Un grand nombre d'États de l'Union — Républicains ou Démocrates — engageaient le Président à agir.

Au Vénézuéla, le message du 19 décembre, avait naturellement causé une émotion extraordinaire. Le ministre des Affaires étrangères, M. de Rojas, allait faire à M. Thomas, ministre des États-Unis, une visite de remerciements. Le portrait de Monroë était exposé dans tous les magasins de Caracas, et le peuple, qui s'engageait à n'acheter aux Anglais aucune marchandise et à ne rien leur vendre, allait porter des fleurs aux pieds de la statue de Washington.

Cette interprétation nouvelle, extraordinaire, de la doctrine de Monroë devait inquiéter tous les peuples qui

avaient des colonies en Amérique : elle devait surtout inquiéter la France dont les difficultés avec le Brésil au sujet
du Contesté guyanais ressemblaient beaucoup aux difficultés anglo-vénézuéliennes. Un rédacteur de l'agence
Dalziel alla demander à M. Hanotaux, à cette époque ancien ministre des Affaires Étrangères, son opinion sur cette
question. M. Hanotaux déclarait que « selon lui toutes les
questions de ce genre doivent être réglées d'après leurs
conditions particulières et non d'après un principe général, surtout dans le cas actuel où il s'agit d'une contestation territoriale, qui ne peut par suite être appréciée que
par des hommes parfaitement au courant de l'historique
du conflit du développement des négociations et de la position actuelle de la question... Actuellement, ajoutait-il, la
France a une contestation avec le Vénézuéla; qu'il soit
bien entendu d'ailleurs qu'il ne s'agit en aucune façon
d'une contestation territoriale. Les États-Unis ont cherché
à intervenir entre les deux pays, mais, comme ministre des
Affaires Étrangères, j'ai résisté à cette prétention, et j'ai
demandé simplement qu'il me fût permis de régler la
question avec le Vénézuéla sans intervention d'une troisième puissance ».

Pendant que M. Hanotaux exposait ainsi les règles de la
politique la plus ferme et la plus courageuse et prenait
contre les empiètements des États-Unis la défense du droit
public européen, M. Vignaud, premier secrétaire de l'ambassade des États-Unis à Paris, déclarait à un rédacteur du
Gil-Blas : « Nous nous trouvons en présence d'un ultima-

tum brutal, d'un refus d'arbitrage et dans des conditions
particulières, car l'Angleterre, en réalité, n'a réclamé ce
territoire que le jour où elle s'est aperçue qu'il contenait
de nombreuses mines d'or. La doctrine émise par M. Cleveland est bien plus modérée que l'opinion de l'immense
majorité des Américains. Toute notre crainte, c'est que les
esprits sages, pondérés comme M. Cleveland ne soient
débordés. Le Gouvernement américain ne cédera rien.
Dans une démocratie, il est impossible d'aller contre l'opinion publique. Mais l'Angleterre qui a tout à craindre
dans une guerre reculera, soyez en certain. La guerre!
Mais c'est le Canada rentrant dans la Fédération, mais c'est
le commerce anglais détruit dans le mois qui suivrait les
hostilités! »

Les journaux anglais et américains luttaient d'ironies
et d'invectives. M. de Pressensé en cite de curieux et
amusants exemples dans la profonde et spirituelle étude
qu'il a consacrée à la doctrine de Monroë [1]. D'énormes
paquets de valeurs américaines jetées sur le marché par
des capitalistes britanniques amenaient une baisse énorme
des cours; les Bourses américaines et anglaises se livraient
à des écarts considérables. Les plus grands hommes de
l'Union étaient atteints d'une fièvre insensée; Édison, le
génial électricien, rêvait la construction « d'une kyrielle
de machines toutes plus meurtrières les unes que les
autres, dont la moindre devait anéantir l'armée et la flotte
de l'Angleterre ».

Cependant, « l'anglophobie militante » qui régnait aux États-Unis ne tarda pas à se calmer. De sérieuses crises de Bourse ne furent pas étrangères à ce tardif retour à la sagesse. Les Américains du Nord se rendirent compte que, sans flotte et sans armée, ils n'étaient pas aussi prêts qu'ils l'avaient cru tout d'abord à engager la lutte contre l'Angleterre. La situation financière, un instant reléguée à l'arrière-plan, reprit la première place dans les préoccupations du public. Un grand courant se formait contre la guerre, puissamment fortifié par les objurgations des ministres de toutes les confessions, facilité par l'attitude digne et conciliante de la presse britannique. Le Gouvernement de Washington déclarait ouvertement qu'il regrettait les manifestations auxquelles s'étaient livrés les Présidents des Républiques du Sud-Amérique. « Le Gouvernement américain, disait-il, a défini sa position dans la question anglo-vénézuélienne; il désire qu'on s'en tienne là ». Le sénateur Gray, ami intime du Président Cleveland, informait le directeur du *World* « que le Gouvernement des États-Unis, en nommant la commission d'enquête, n'avait pas l'intention de s'arroger le droit de délimiter la frontière entre le Vénézuéla et la Guyane britannique; mais qu'il avait cherché à s'assurer si l'Angleterre, sous le prétexte d'une dispute de frontières, n'avait pas l'intention d'agrandir son empire aux dépens du Vénézuéla. Les États-Unis n'avaient nullement le droit d'intervenir dans une dispute de bonne foi entre les Gouvernements du Vénézuéla et de la Grande-Bretagne; ils croyaient même que dans une telle dispute, la doctrine de Monroë ne pourrait être appliquée ».

Les Américains battaient donc en retraite. Le choix des membres de la fameuse commission d'enquête demandée par le message du 19 décembre avait été laissé au Président : il se porta sur MM. Drewer, White, Coudert, Gelman et Alvey dont la sagesse et la modération étaient d'un bon augure pour les amis de la paix. On pouvait d'ailleurs craindre que les Anglais et les Vénézuéliens ne se missent d'accord tout seuls, sans le concours des Américains du Nord, ce qui eût placé ceux-ci dans une situation quelque peu humiliante. Enfin, un mouvement se dessinait en Europe contre la nouvelle interprétation de la doctrine de Monroë. Quelques journaux demandaient qu'on réunît une conférence de tous les États qui avaient des intérêts territoriaux en Amérique, afin d'arrêter une ligne de conduite commune contre les empiètements des États-Unis. Un journal officieux allemand, le *Hamburger correspondent* disait : « Il ne s'agit pas de savoir si l'Angleterre est ou non dans son droit vis-à-vis du Vénézuéla. La question importante est cette doctrine extraordinaire soutenue par M. Cleveland. L'Europe entière a le plus grand intérêt à s'y opposer. Que demain le Mexique ou la République Argentine répudient les dettes qu'ils ont contractées en Europe, les États-Unis pourraient intervenir de la même façon, et interdire aux puissances de prendre aucune mesure. Nous espérons que la Hollande ni l'Espagne n'ouvriront leurs archives à la Commission des États-Unis qui viendra en Europe en quête d'arguments pour soutenir la doctrine de Monroë. L'attitude que l'Europe devrait prendre en présence de l'arrogance de l'Amérique est tout indiquée ».

IV.

Cependant, « le Sénat se livrait à une sorte de débat, moitié politique, moitié juridique, sur la portée exacte de la doctrine de Monroë ».

Le sénateur Sherman déclarait que la définition donnée par le Président était exacte. M. Baker, du Kansas, invitait le Congrès à affirmer « que les États-Unis considèrent comme acte hostile d'une puissance étrangère d'étendre par la guerre, par traité, par achat ou autrement ses limites territoriales dans l'hémisphère occidental ou les îles adjacentes que les États-Unis considèrent comme nécessaires à leur propre défense, eux seuls étant juges de cette nécessité ». La proposition de M. Baker était l'extension logique de la politique qu'esquissaient en 1870 M. Fish et le général Grant. Une seule résolution était modérée et sage, mais elle ne réunissait qu'une infime minorité; elle avait été déposée par M. Sewell du New-Jersey, et était ainsi conçue : « Ni en vertu des termes de la doctrine de Monroë, ni en vertu d'aucune déclaration officielle, les États-Unis ne sont engagés à intervenir comme protecteurs d'aucune nation du continent américain contre l'invasion ou les empiètements des puissances étrangères. L'Exécutif a grandement outrepassé les affirmations originales de la doctrine de Monroë, au point qu'il semblerait que les États-Unis eussent l'obligation d'exercer un protectorat absolu en toute circonstance sur le Mexique et les États du Centre et du Sud de l'Amérique..... Poursuivre et étendre une telle politique, serait contraire à toute sagesse et à toute prudence ».

On invoquait la doctrine de Monroë dans des sens contradictoires : le Comité des Affaires étrangères du Sénat chargea un sous-comité de préparer un projet de résolution par lequel le Congrès tout entier définirait et affirmerait la doctrine de Monroë : elle acquérait enfin la valeur législative qui ne lui avait jamais été conférée.

Le rapport de ce sous-comité était attendu avec impatience. Certaines indiscrétions faisaient prévoir une définition exagérée. On ajoutait immédiatement comme correctif que cette définition ne serait pas acceptée par le Comité des Affaires étrangères de la Chambre des Représentants, dont le Président, M. Hitt, était partisan d'une politique modérée. Mais la surprise fut universelle quand on connut le 21 janvier 1896 le rapport de M. Davis, sénateur du Minnesota.

M. Davis reproduisait le texte de la doctrine de Monroë et ajoutait ces mots : « *Résolu que les États-Unis d'Amérique réaffirment et confirment la doctrine et les principes ainsi promulgués par le Président Monroë, et déclarent maintenant qu'ils soutiendront et maintiendront cette doc-*

trine et ces principes, et considéreront toute infraction à l'une et aux autres, en particulier toute tentative d'une puissance européenne de prendre ou d'acquérir tout territoire nouveau ou additionnel sur le continent américain ou toute île adjacente, ou tout droit de souveraineté ou de possession dans lesdits continents et îles dans tous cas ou circonstance où les États-Unis jugeraient cette tentative comme dangereuse pour leur paix et leur sécurité, que cette tentative soit faite par la force ou par voie d'achat, de cession, d'occupation, d'hypothèque, de colonisation, de protectorat, de contrôle sur l'accès d'un canal ou de tous autres moyens de transit à travers l'isthme américain, soit sous prétexte de droits mal fondés dans les cas de prétendus différends de limites, soit de tout autre prétexte mal fondé, *comme une manifestation de dispositions hostiles à l'égard des États-Unis et une intervention que sous n'importe quelle forme il serait impossible aux États-Unis de regarder avec indifférence ».*

L'audace de cette déclaration était inconcevable. Ce n'était plus la doctrine de Monroë, mais une doctrine Davis qu'on demandait au Congrès d'approuver. Tous les publicistes la déclarèrent inadmissible et *le Temps* résume dans ces termes les jugements qu'elle inspira : « Le Président Monroë avait jugé suffisant d'exclure à tout jamais l'*extension*, et l'extension par la force, du domaine des puissances européennes en Amérique. Déjà M. Olney et M. Cleveland avaient paru pousser les choses — tout au moins en principe — jusqu'à condamner le *statu quo* lui-même, c'est-à-dire l'état de possession coloniale actuelle des puissances européennes actuelles au Nouveau-Monde. Toutefois, ils avaient eu la discrétion de ne pas graver sur l'airain ce supplément à la doctrine originelle. M. Davis n'hésite pas quant à lui à refondre toute la déclaration, et à y inscrire en tout autant de termes l'interdiction expresse pour les puissances européennes de faire, même à l'amiable et du consentement des intéressés, des acquisitions de territoires en Amérique. Voilà qui est parler net. Ce n'est plus un protectorat du Nouveau-Monde contre les ambitions ou les appétits de l'Ancien; ce n'est plus encore une tutelle discrète; c'est une prise de possession; c'est l'annexion pure et simple des deux continents de l'hémisphère occidental aux États-Unis [1] ».

L'opinion publique Américaine se montrait heureusement plus sage que le Sénat et accueillait très froidement la doctrine Davis. Le Sénat lui-même montrait une opposition inattendue : le sénateur républicain Wolcott, du Colorado, blâmait non seulement la proposition Davis, mais aussi la prétention de M. Cleveland d'appliquer la doctrine Monroë au cas du Vénézuéla. Il condamnait le message du 19 décembre comme pouvant entraîner des hostilités; et il déclarait avec raison que la Commission d'enquête était plutôt une menace de guerre qu'une garantie de paix. L'attitude de cette Commission était en effet absolument inadmissible : s'érigeant en arbitre sans avoir été choisie

____

(1) *Le Temps* du 22 janvier 1896.

par aucune des deux parties, elle priait le secrétaire d'État
Olney de demander à l'Angleterre et au Vénézuéla de lui
soumettre leurs titres sur le territoire contesté. Le Vénézuéla accédait immédiatement à cette demande. L'Angleterre se rendait également au désir de la commission américaine.

V.

Cette attitude peu glorieuse s'explique par les difficultés
extérieures de la politique britannique; des causes de
conflit surgissaient en effet entre les Gouvernements de
Londres et de Berlin au sujet de l'attitude prise par l'Allemagne dans les affaires anglo-transvaaliennes; la crainte de
nouvelles difficultés internationales excitait l'Angleterre à
la prudence. Elle justifia une fois de plus cette grande
vérité que lord Salisbury, alors lord Cranborne, avait
exposé en 1863 à la Chambre des Communes à propos des
affaires du Danemark : « L'Angleterre a une échelle
mobile pour sa politique extérieure. Elle empoche sans
mot dire les affronts des puissances de premier ordre et
tend même l'autre joue à un nouveau soufflet. Elle se tait
et rumine son ressentiment avec les États ses égaux. Au
contraire, avec les faibles, elle se plaît à tirer une ven-
geance éclatante et à leur demander compte de tous les
ennuis dont elle n'a pas osé se faire dédommager par leurs
auteurs ». L'ironie des choses voulait que lord Salisbury

fût alors le chef de la diplomatie britannique. L'Angleterre tendit la joue. De son côté, le Gouvernement de Washington craignait d'avoir été trop loin, et M. Cleveland invitait en termes pressants le Président Crespo à recommander la modération au Vénézuéla. Le secrétaire d'État Olney lui prodiguait les mêmes conseils de prudence. La tranquillité renaissait, et dans un discours qu'on disait inspiré par le Président, M. James Smith, du New-Jersey déclarait au Sénat que le message Cleveland avait donné en ce qui concerne la doctrine de Monroë la note juste et suffisante, et il engageait l'assemblée à voter le budget et à clore sa session.

Lord Salisbury qui avait fait « un faux pas » en refusant *à priori* l'arbitrage pour tout le territoire situé en deçà de la ligne Schomburgk, fit une retraite plus prudente que glorieuse, et le discours du Trône du 11 février 1896 parlait de « marier l'arbitrage et la voie des négociations ». « Le Gouvernement des États-Unis, disait-il, a exprimé son désir de coopérer à la solution des différends qui existent depuis de longues années entre mon Gouvernement et la République du Vénézuéla au sujet des frontières entre cette dernière contrée et ma colonie de la Guyane anglaise. J'ai fait connaître que j'adhérais au désir formulé d'arriver sur cette question à un arrangement équitable, et j'ai la confiance que des négociations ultérieures amèneront à une solution satisfaisante ». Et M. Balfour, leader ministériel de la Chambre des communes priait un député radical, M. Atherley Jones, de retirer une motion toute favorable à l'arbitrage et à la doctrine de Monroë « pour ne pas gêner des démarches sur le point d'aboutir ».

Les idées d'arbitrage faisaient en effet tous les jours des progrès en Amérique et en Angleterre ; des ligues se formaient dans les deux pays pour orienter l'opinion de ce côté. Les affaires de Cuba, dont nous parlerons plus loin, entraient dans une période active et fournissaient un aliment aux passions des jingoës américains.

Enfin, l'Angleterre qui avait déclaré le 11 février 1896 qu'elle ne pouvait pas accepter que 40.000 de ses sujets fussent soumis au risque de devenir Vénézuéliens par une décision d'arbitre, signait le 9 novembre un traité d'arbitrage qui mettait fin au conflit. On prévoyait la signature d'un traité général d'arbitrage qui serait négocié ultérieurement [1].

(1) Les États-Unis, qui se montraient en toute circonstance partisans fanatiques des traités d'arbitrage général, ont prouvé que leur désir était uniquement inspiré par des préoccupations politiques. Ils étaient tout disposés à signer des conventions de cette sorte avec les États du Sud-Amérique, espérant par ce moyen exercer sur toute leur conduite un contrôle étroit. Malgré leurs assurances de désintéressement, ils se montrèrent hostiles à la signature d'un traité général d'arbitrage avec l'Angleterre.

Deux Cours d'arbitrage devaient être instituées : l'une pour régler les contestations pécuniaires qui pourraient survenir entre les deux pays ; l'autre pour la solution des questions territoriales.

Première Cour : *Réclamations pécuniaires.*

Chaque Gouvernement nommera un représentant. En cas de désaccord entre les deux représentants ainsi désignés, ceux-ci choisiront un tiers arbitre ; s'ils ne peuvent s'entendre sur le choix de cet arbitre, le roi de Suède nommera ce troisième juge dont la décision sera sans appel.

La Cour d'arbitrage serait composée de deux membres américains et de deux membres anglais ; en cas de désaccord, un cinquième arbitre chargé de départager les voix de la Commission, serait choisi par le roi de Suède et de Norwège. Mais il était entendu qu'une occupation ayant

Deuxième Cour : *Questions de territoire.*

La deuxième Cour sera composée de six membres, dont trois seront désignés par la Cour suprême ou les Cours de circuit des États-Unis, et les trois autres nommés par le Gouvernement britannique parmi les membres du Conseil privé ou de la Cour suprême de justice. Cinq voix seront nécessaires pour rendre les solutions définitives. Celles-ci devront alors être exécutées par les deux Gouvernements, qui en tout cas ne pourront recourir aux hostilités avant d'en avoir appelé à l'arbitrage d'une ou de plusieurs puissances.

Le traité aurait une durée de cinq ans après l'échange des ratifications, mais il se renouvellerait de plein droit tant qu'il n'aurait pas été dénoncé.

M. Cleveland soumit ce traité à l'approbation du Sénat.

Il suscita d'abord un vif enthousiasme ; mais des récriminations ne tardèrent pas à s'élever.

On critiquait surtout le choix du roi de Suède comme arbitre définitif dans les contestations pécuniaires, car on reprochait à l'arbitre suédois de s'être montré trop favorable aux Anglais dans l'arbitrage relatif aux pêcheries de la mer de Behring.

Cependant, la Commission des affaires étrangères du Sénat proposa tout d'abord la ratification du traité, mais avec des amendements et des additions qui l'annulaient en fait. Toute question se rattachant à la doctrine de Monroë était exceptée des cas d'arbitrage par l'adoption faite à l'unanimité de la proposition suivante, inspirée surtout par le désir de ne pas soumettre à un arbitre le règlement de la question du traité Clayton-Bulwer : « aucune question affectant la politique intérieure ou extérieure de l'une ou l'autre des hautes parties contractantes, ou les relations de l'une ou l'autre d'entre elles avec tout État ou toute autre puissance, ne sera soumise à l'arbitrage sauf en vertu d'une entente spéciale ». A l'unanimité également, on décidait que le roi de Suède ne serait plus choisi comme arbitre permanent ; les arbitres choisiraient eux-mêmes dans duré 50 ans constituerait un droit de propriété sur les territoires contestés. « Les territoires possédés sans opposition par les deux parties depuis 50 ans dans la région en litige entre le Vénézuéla et la Guyane britannique ne seront donc pas soumis à l'arbitrage ».

chaque cas particulier le juge qui les départagerait. Enfin « toute question ne devra être déférée à l'arbitrage que dans la forme prévue par les traités spéciaux ». Cela revenait à soumettre au Sénat toute question qui devrait faire l'objet d'un arbitrage.

Il ne restait plus rien du traité primitif. Dans son message, le Président Mac-Kinley demanda au Sénat d'en rétablir le texte dans son intégrité, laissant entendre qu'il lui opposerait son *veto* dans le cas contraire.

Le Sénat ne tint aucun compte du vœu présidentiel et, depuis, de nouveaux amendements sont venus mutiler encore ce qu'on appelait le *traité général* d'arbitrage. A l'énorme majorité de 40 voix contre 12, il adoptait l'amendement Hoare proposé par sa Commission : toutes les questions territoriales ou affectant la politique intérieure ou extérieure des États-Unis étaient exclues des effets du traité ; le Sénat, à la majorité des deux tiers des voix devrait décider pour chaque cas spécial s'il serait soumis à l'arbitrage.

Ce texte ainsi mutilé ne fut même pas adopté. Il fut rejeté en bloc, n'ayant pu obtenir la majorité des deux-tiers exigée pour la ratification. Sur 69 votants, il y eut 43 voix pour et 26 contre ; 19 Sénateurs étaient absents ou se sont abstenus. 10 républicains, 11 démocrates et 5 populistes avaient voté contre ; 30 républicains et 13 démocrates avaient voté pour. Des partisans de l'arbitrage avaient préféré voter contre le traité plutôt que de l'accepter avec les amendements qui l'avaient réduit à rien.

Depuis, sur le désir de M. Mac-Kinley un nouveau projet de traité d'arbitrage a été soumis au Sénat, mais il ne sera probablement pas discuté avant le mois de décembre. — Les articles qui firent échouer le premier traité ont été supprimés, disent les journaux. On peut donc se demander quels en sont l'importance et l'objet.

Quoi qu'il en soit, le rejet du traité anglo-américain fournit un argument d'une singulière valeur aux jurisconsultes qui déclarent impossible et peu désirable la signature de traités généraux d'arbitrage.

La fameuse Commission d'enquête terminait en même temps ses travaux et déposait un rapport (28 février).

Ce traité du 9 novembre 1896 consacrait la défaite de l'Angleterre. « Sans doute, comme le fait remarquer dans la *Revue politique et parlementaire* du 10 juin 1897 M. Dunning, professeur à la Columbia University, il n'est guère probable que la Grande-Bretagne perde aucun territoire auquel elle a équitablement droit mais le renversement de ses prétentions est complet ». Tout est extraordinaire dans ce traité et contraire aux principes qui ont jusqu'ici réglé la matière. Cet acte international, à la conclusion duquel les États-Unis avaient pris une si grande part, était signé seulement par l'Angleterre et par le Vénézuéla. Le Sénat des États-Unis n'aurait donc pas à donner son assentiment, puisque le Gouvernement de Washington n'était pas partie à l'affaire. « Il y avait simplement, dit M. Dunning un accord gracieux entre M. Olney et sir Julian Pauncefote, aux termes duquel la Grande-Bretagne et le Vénézuéla devaient conclure un traité dans certaines conditions ». Chose plus étrange encore, le Vénézuéla ne serait pas représenté dans ce tribunal dont la décision était sans appel. « On remarquera, continue M. Dunning, que moralement sinon juridiquement, les États-Unis sont garants de la décision du tribunal, et c'est là peut-être la principale signification de toute l'affaire. M. Olney, il est vrai, a évité que les États-Unis fussent déclarés responsables de la conduite du Vénézuéla, mais en fait, il a constitué une *sphère d'influence* où la suprématie des États-Unis aura tôt ou tard à supporter une certaine responsabilité pour les faits qui s'y passeront ».

Les États-Unis triomphaient, ils gardent un motif d'intervention dans l'Amérique du Sud. Le journal *le Temps* qui avait défendu avec une particulière énergie les véritables principes du droit signale en ces termes les dangers que fait courir à l'Europe la reconnaissance par l'Angleterre des prétentions des États-Unis : « Souffrir que le Gouvernement de Washington s'ingérât dans une affaire exclusivement pendante entre le Vénézuéla et le Royaume-Uni, permettre qu'il s'arrogeât une sorte de juridiction souveraine sur un litige auquel, directement, il n'avait aucune part, chercher avec lui les bases d'une entente à propos d'un conflit auquel il était étranger, c'était tout simplement reconnaître en fait et dans toute son étendue l'une des prémisses fondamentales de la doctrine de Monroë, c'était affirmer implicitement le protectorat moral des États-Unis sur l'Amérique entière et leur droit de se porter forts, même sans mandat exprès, pour les États de cet hémisphère ».

Sans doute, la *doctrine Davis* s'était évanouie purement et simplement, mais le traité du 9 novembre donnait à la *doctrine de Monroë* une impulsion immense. Il semblait désormais qu'il n'y eût plus en Amérique qu'un seul État capable d'avoir des relations avec l'Europe et que les puissances sud-américaines dussent toujours user de l'intermédiaire des États-Unis dans leurs rapports avec le Vieux-

Monde, comme font les États protégés par l'intermédiaire
des États suzerains. Le Vénézuéla n'avait même pas demandé la protection qui lui fut imposée, et M. Cleveland
traitait au nom de M. Crespo comme le Président de la
République Française au nom du Bey de Tunis.

La doctrine de Monroë était formellement reconnue par
un des plus puissants États de l'ancien continent. L'Angleterre, qui avait défendu dans l'affaire du canal interocéanique les vrais principes du droit public, avait mis bas
les armes devant les prétentions des Américains du Nord.
Les Anglais avaient failli à leurs devoirs internationaux,
ils s'étaient montrés *mauvais Européens,* mais la généreuse nation espagnole devait prendre en Amérique la
défense des intérêts du Vieux-Monde.

Cuba.

Si Monroë avait déclaré que les États-Unis regarderaient
comme une *disposition hostile* à leur égard une *intervention
quelconque* de l'Europe dans les affaires des États américains, il avait par contre affirmé qu'ils n'interviendraient
pas dans les affaires des colonies européennes qui existaient
en 1823. Malgré l'extension exagérée qui a été donnée depuis
à un grand nombre des points du message, et en dépit des
sollicitations de l'opinion publique, le Gouvernement américain, fidèle à la doctrine primitive, n'est pas encore officiellement intervenu dans la lutte que soutiennent contre les

Espagnols les Cubains révoltés, et il s'est maintenu jusqu'ici sur un inattaquable terrain de droit.

I.

Les rapports des États-Unis et de Cuba ont été, de par
leur voisinage même, toujours fort étroits, et la question
de Cuba est une des plus anciennes qui aient préoccupé la
diplomatie américaine. Seule de toutes les immenses possessions hispano-portugaises, la Grande Antille n'avait pas
proclamé son indépendance dans les premières années du
XIX° siècle. Ses liens avec sa métropole étaient restés plus
étroits que dans les autres colonies : Cuba envoyait des
députés aux Cortès, et l'Espagne avait l'heureuse fortune
d'avoir à la Havane de bons gouverneurs. Aussi la révolution avait échoué à Cuba; les insurrections séparalistes
avaient été facilement réprimées, et les libéraux étaient
loyalistes, demandant seulement à l'Espagne des fran-
chises locales.

La question de l'esclavage avait amené d'assez sérieuses
difficultés. Un traité conclu en 1817 entre l'Espagne et
l'Angleterre abolit la traite à Cuba, mais en échange de
cette concession qui supprimait le monopole économique
que la traite assurait à la Grande Antille par rapport aux
colonies anglaises, l'Espagne reçut une indemnité de 10
millions. L'Angleterre versa l'argent, mais protesta avec
énergie contre les encouragements que le Cabinet de Ma-

drid donnait à la contrebande. Les États-Unis s'agitèrent : s'ils souffraient de voir Cuba aux mains de l'Espagne, ils étaient décidés à tout pour empêcher qu'elle tombât aux mains d'une puissance européenne plus belliqueuse ou plus active. Ils subventionnaient à Cuba un parti Américain contre le parti Anglais. Le parti Français existait à peine ; nous savons cependant que bruit courut un instant dans les chancelleries que la cession de Cuba à la France serait le prix dont Ferdinand VII récompenserait les vainqueurs du Trocadéro, et nous avons vu que ce bruit contribua peut-être à la promulgation de la doctrine de Monroë [1]. Nous avons vu également que Canning, voulant donner aux États-Unis des gages de son désintéressement, leur avait proposé de signer avec eux et la France un traité par lequel les trois puissances s'engageaient à reconnaître à l'Espagne la possession perpétuelle de Cuba, et que le Gouvernement de Washington n'avait donné son consentement qu'à des conditions que l'Angleterre avait refusé d'accepter.

La doctrine de Monroë était d'une absolue modération et d'une parfaite correction en ce qui concerne les colonies européennes sur le sol américain. Mais un des parrains de la fameuse Déclaration, Jefferson, dans la consultation qui lui avait été demandée et dont nous avons reproduit des passages, avait été autrement affirmatif que son ami, et, avec une sincérité qui était alors prématurée, avait résumé

____

[1] Cf., p. 11.

les raisons qu'avaient les Américains de s'annexer Cuba :
Ce passage, aujourd'hui d'une grande actualité est devenu
célèbre auprès des jingoës : « Nous avons d'abord à nous
poser une question : souhaitons-nous d'acquérir, pour
notre propre confédération, une ou plusieurs provinces
espagnoles? *Je confesse en toute sincérité que j'ai toujours
envisagé Cuba comme l'addition la plus intéressante qui
pût jamais être faite à notre système d'État. Le contrôle que,
avec la Floride, cette île nous donnerait sur le golfe du
Mexique et ses contrées et l'isthme contigus, de même que
sur les terres dont les eaux se déversent dans le golfe assu-
rerait complètement notre prospérité.* Cependant, comme
je sais que ce résultat ne pourra jamais être atteint, même
avec le propre consentement de l'île, si ce n'est par la
guerre, et que son indépendance qui est notre second intérêt (et spécialement son indépendance de l'Angleterre)
peut être obtenue sans la guerre, je n'hésite pas à abandonner mon premier désir, en *le réservant à des chances
futures,* et à accepter son indépendance avec la paix et l'a-
mitié de l'Angleterre plutôt que son association à nos États,
qui nous coûterait la guerre et l'inimitié de celle-ci. Je
pourrais donc très honnêtement adhérer à cette déclaration
proposée, d'après laquelle nous ne visons l'acquisition
d'aucune de ces possessions, de même que nous ne met-
tons aucun obstacle à aucun arrangement amical entre
elles et la mère-patrie, mais nous nous opposerons de toutes
nos forces à l'intervention violente de n'importe quelle
autre puissance, comme auxiliaire, mercenaire, ou sous

toute autre forme ou prétexte, et plus spécialement à leur transfert à quelque puissance par la conquête, la cession ou par une acquisition de toute autre manière ».

Mais les « chances futures » sur lesquelles Jefferson comptait pour amener l'annexion de Cuba se firent attendre. A des raisons politiques d'annexion se joignirent cependant des raisons économiques. Les démocrates, qui se maintinrent presque sans interruption au pouvoir jusqu'à la guerre de Sécession avec Jackson, Van Buren, Tyler, Polk..., devaient désirer une conquête qui renforcerait dans les Chambres le groupe des partisans du maintien de l'esclavage ; ils avaient fait pour cette raison la conquête du Texas. Les Cubains, producteurs de matières premières, avaient peu d'usines et ils auraient fourni à l'Union d'excellents clients. Aussi tous les Américains, de quelque parti qu'ils fussent, attendaient-ils avec impatience les chances futures dont parlait Jefferson.

En 1825, les Espagnols offrent aux Américains des avantages commerciaux s'ils veulent leur garantir la possession de Cuba ; ils essuient un refus. En 1840 l'achat de l'île est demandé au Sénat. En 1846 une compagnie américaine essayait de réuni un milliard dans ce but ; une expédition militaire s'organisait pour organiser un soulèvement. Le Gouvernement américain fut obligé de s'y opposer au nom du droit des gens. Mais des encouragements venaient de haut à tous ceux qui rêvaient l'annexion [1] : « l'île de Cuba,

____

(1) V. *Rev. du dr. int.*, 1894, article de M. Bassett-Moore.

disait le 1ᵉʳ décembre 1852 le secrétaire d'État Everett se trouve à notre porte. Elle commande les approches du golfe du Mexique, qui baigne les côtes de cinq de nos États. Elle barre l'entrée de ce grand fleuve qui arrose la moitié de l'Amérique du Nord. C'est une sentinelle placée sur la route de notre commerce avec la Californie par l'isthme. Au point de vue territorial et au point de vue commercial, elle constituerait entre nos mains une possession d'une valeur extrême. Elle peut devenir, dans certaines circonstances, un élément essentiel de notre sécurité ».

Aussi, dans la même année 1852, les Espagnols, inquiets de la sympathie témoignée aux flibustiers américains dans les ports de l'Union, demandent aux États-Unis en même temps qu'à l'Angleterre et à la France de leur garantir la possession de Cuba. Nouveau refus du Gouvernement de Washington. Le Président Buchanan ne dissimule pas en 1854 son désir d'acheter l'île.

La mauvaise administration de l'Espagne, les querelles de races, les excitations de colons américains indirectement soutenus par leur Gouvernement amenèrent de formidables insurrections, qui coûtèrent à l'Espagne des sommes énormes et le sang de ses plus valeureux soldats. De 1869 à 1871 elle dépensait dans la Grande Antille 300 millions de francs ; 50.000 soldats mouraient, plus encore dans les hôpitaux que sur les champs de bataille. Le 5 avril 1869, le Congrès américain avait adopté sur la proposition de M. Henry Clay la résolution suivante : « Le peuple des

États-Unis sympathise avec le peuple cubain dans les·efforts qu'il fait pour assurer son indépendance et établir la forme républicaine de Gouvernement, qui garantira la liberté individuelle et l'égalité politique de tous les citoyens, et le Congrès donnera son consentement constitutionnel au Président des États-Unis quand celui-ci jugera opportun de reconnaître l'indépendance et la souveraineté dudit Gouvernement républicain ». Le Gouvernement américain n'avait pas donné suite à cette résolution.

L'insurrection, réprimée en 1878 par le maréchal Martinez Campos, releva la tête en 1895, et le parti autonomiste reprit la lutte sous le commandement de Maceo et de Maximo Gomez, proclamant la République cubaine et affirmant sa volonté de faire de Cuba un État libre.

La lutte fut acharnée; elle n'est pas actuellement terminée. L'Espagne, à demi-ruinée, envoya dans la Grande Antille une formidable armée de 100.000 hommes successivement commandée par le maréchal Martinez Campos et le général Weyler. Les troupes, victorieuses dans la plupart des rencontres ont fait devant elles le vide, mais ont vu leurs convois attaqués, leurs communications avec la côte coupées. Les Espagnols sont les maîtres des villes; mais les insurgés trouvent dans la campagne et dans les montagnes des refuges inaccessibles. La lutte dont le Gouvernement de Madrid annonçait à chaque instant la fin imminente menace de s'éterniser.

II.

La ténacité des révoltés cubains excita le désir d'intervention des jingoës américains. Leur récent succès dans l'affaire anglo-vénézuélienne les encourageait. Les circonstances leur étaient exceptionnellement favorables ; aux yeux de tous les citoyens de l'Union, Cuba était dans la sphère d'influence de la Grande République, et c'était pour eux un devoir sacré que d'aider à la création d'un État indépendant qui remplacerait la domination d'une monarchie du Vieux Monde. La République cubaine serait d'ailleurs la protégée de la République américaine en attendant qu'elle vînt se fondre en elle, comme l'avait fait autrefois la République du Texas.

Mais les jingoës n'osèrent pas immédiatement demander la reconnaissance de la République cubaine : ils demandèrent seulement que le Gouvernement américain accordât aux insurgés la qualité de belligérants. Le 20 février 1896, des discours très hostiles à l'Espagne furent prononcés au Sénat dans ce sens. Rappelant que l'Espagne avait été l'un des premiers États à reconnaître dans la guerre de Sécession les Susdites comme belligérants, le sénateur Morgan demandait que M. Cleveland reconnût les insurgés cubains, quand même cette reconnaissance amènerait une rupture avec le Cabinet de Madrid.

Le 28 février, à la suite d'une séance particulièrement

orageuse, le Sénat votait par soixante-quatre voix contre six la résolution suivante : « Le Sénat décide, concurremment avec la Chambre des représentants, que, dans l'opinion du Congrès, il y a état de guerre entre le Gouvernement espagnol et le Gouvernement qui depuis quelque temps a été et est maintenu par la force des armes par le peuple de Cuba, et que les États-Unis doivent observer une stricte neutralité entre les puissances belligérantes, et accorder à chacune d'elles tous les droits des belligérants dans les ports et sur les territoires des États-Unis. Le Sénat décide que les bons offices des États-Unis doivent être offerts par le Président au Gouvernement espagnol pour obtenir la reconnaissance de l'indépendance de Cuba ».

Et insistant sur le caractère de sa proposition, le sénateur Sherman affirmait qu'il ne désirait pas l'annexion de Cuba aux États-Unis, mais qu'il souhaitait l'union de Cuba au Mexique, pays habité par une population de même origine [1]. Certains sénateurs se montraient, il est vrai, beaucoup plus agressifs et M. Lindsay déclarait que l'état des choses régnant à Cuba justifiait une intervention active

____

(1) Au mois de juin 1896, un Comité composé de députés, d'industriels et de directeurs de journaux se fondait à Mexico pour soutenir la solution suivante de la question cubaine : les habitants de Cuba seraient appelés à se prononcer par voie de plébiscite sur la question de l'Indépendance ; l'Espagne recevrait une indemnité pour la perte de Cuba ; les intérêts commerciaux espagnols seraient garantis par un traité entre Cuba et son ancienne métropole ; enfin Cuba serait partagée en trois ou quatre groupements libres qui se fédéreraient avec la République mexicaine.

des États-Unis pour rétablir l'ordre au nom de l'humanité (1).

La reconnaissance de belligérance n'était pas un acte
contraire aux principes du droit international. « Elle est
en soi parfaitement soutenable, dit M. Mérignhac, et ne
viole aucune règle juridique, car la question est uniquement une question de fait ». Et l'éminent jurisconsulte
invoque à l'appui de son dire l'autorité de M. Calvo dont
l'opinion est partagée par la majorité des auteurs : « Un
État, déchiré par la guerre civile ou mixte ainsi que la
nomme Grotius, ne peut *ipso facto* être considéré comme
formant deux États distincts ; pour en arriver là, il faut que
la persistance de la lutte, l'égalité des éléments qui s'y
trouvent engagés et l'impossibilité de déterminer son issue
aient pris un caractère tel que les tiers soient pleinement
autorisés à accepter comme réalisée une séparation qui n'a
pas encore reçu la consécration définitive et irrévocable du
fait accompli ». La reconnaissance des Sudistes comme
belligérants en 1861 par les Cabinets de Paris, de Londres
et de Madrid n'a pas impliqué de la part de ceux-ci la ces-
sation de leur neutralité.

Il n'en était pas de même en février 1896. L'échec de
l'insurrection paraissait alors certain, et aucun État de
l'Europe ne doutait que l'Espagne ne vînt à bout de ses
colons rebelles. Les violences inouïes de langage des ora-
teurs américains laissaient percer leurs véritables sentiments

(1) *Journal des Débats,* 1ᵉʳ mars 1896.

et la reconnaissance de belligérance ne devait être pour eux que le prélude d'une alliance. Les Cubains réunissaient, d'après eux, toutes les qualités exigées par le droit international pour être reconnu belligérants : « Leur organisation, disait le sénateur Sherman, est aussi complète que l'était celle des États-Unis pendant la Révolution. Les Cubains ne se sont pas montrés d'une férocité barbare, tandis que les Espagnols ont préféré rappeler un chef humain, le maréchal Martinez Campos, pour le remplacer par un massacreur, le général Weyler. Les mains du général Weyler sont pleines du sang des hommes et des femmes sans défense. Si on le laisse faire, aucun pouvoir au monde n'empêchera les États-Unis de chasser ces barbares. Nous n'avons pas besoin d'une Arménie à nos portes. Si le général Weyler met ses desseins à exécution il n'y a pas dans les deux Amériques de pays qui n'envoie des hommes pour mettre fin à ces infamies ». D'après le sénateur Lodge, « le monde civilisé saluerait de ses acclamations l'attitude que les États-Unis se proposaient de prendre ». D'autres sénateurs déclaraient « que l'Espagne était la pire nation qui existât, que c'était une nation de parias qui n'avait aucun droit au respect et à la considération des autres nations ».

Une infime minorité de six voix s'opposa à la résolution. Son orateur le sénateur Caffery déclarait que les États-Unis n'avaient pas plus de droits à intervenir à Cuba qu'en Arménie.

Les Espagnols surent observer une attitude pleine de

dignité et de modération. Tous les partis s'unirent contre les prétentions à peine dissimulées des Américains. L'organe officieux du Gouvernement, la *Correspondencia*, disait que le vote du Sénat avait causé à Madrid une impression profonde : « la majorité immense que la résolution demandant pour les Cubains la qualité de belligérants a obtenue, démontre que cette assemblée est entièrement hostile à l'Espagne. Ce vote est l'événement le plus grave qui soit arrivé à notre pays depuis longtemps ». Le *Libéral* voulait prouver qu'aucune résolution n'était plus injuste ni plus contraire au droit : « Les insurgés cubains ne sont que des flibustiers qui ne représentent pas le peuple de Cuba, en majorité fidèle à l'Espagne. Ils ne sont qu'une minorité de factieux, incertain et sauvage qui lutte pour obtenir du butin par le pillage. Une minorité pareille ne peut changer le pouvoir constitué par la nation, appuyé sur l'histoire et le droit. Les États-Unis violeraient donc le droit naturel en reconnaissant la qualité de belligérants aux insurgés cubains ». La perspective d'une guerre était même envisagée, sans provocation, mais avec fermeté : « Il ne manquera à l'Espagne, disait le *Libéral*, ni l'énergie ni la vitalité pour résister, ni l'élan suprême. Le sol de l'Espagne est arrosé du sang fécond de ceux qui ne consentirent jamais à un affront ni à une intervention étrangère ».

« L'Espagne, déclarait l'*Imparcial*, doit se préparer à toute éventualité ; nos ressources maritimes ne sont pas considérables, mais nous n'aurons pas devant nous une puissance navale gigantesque. Notre humilité a été mal interprétée. Une attitude ferme et résolue nous aurait conquis plus de considération. Nous ne sommes pas si faibles que notre hostilité devienne indifférente à un peuple de marchands qui n'a rien de guerrier ». Et l'Espagne, avec un patriotisme admirable, faisait des efforts gigantesques : le cabinet Canovas, qui avait succédé au cabinet libéral Sagasta, envoyait 100.000 hommes à Cuba malgré la situation difficile des finances.

En Amérique même, le vote du 28 février ne rencontrait pas dans la nation l'immense majorité qu'il avait eue au Sénat, et le *New-York Herald,* un des plus importants organes de l'opinion, écrivait : « Une action gouvernementale, impliquant des obligations internationales, ne saurait être déterminée par des sympathies populaires, quelque respectables qu'elles soient, ni par les clameurs de la foule, quelque bruyantes qu'elles soient. Dès que le jingoïsme semble vouloir provoquer la guerre, le moment est venu pour les gens réfléchis de se demander s'il y a une raison de faire la guerre, et s'il est permis de la provoquer, sans que ce soit pour une bonne cause. Le moins que l'on puisse demander au Gouvernement, c'est de procéder prudemment dans une affaire dont les circonstances peuvent être si graves pour le pays ».

Cependant, la Chambre des Représentants, dans sa séance du 2 mars, votait par 263 voix contre 16 la résolution suivante en faveur des insurgés cubains :

« La Chambre des Représentants décide, concurremment avec le Sénat, que, dans l'opinion du Congrès, un état public de guerre existe à Cuba, et que les partis en présence ont des titres aux droits des belligérants.

La Chambre décide que le Congrès déplore les morts d'hommes et la destruction des propriétés qui sont le résultat de la guerre, et qu'il est convaincu que la seule solution du différend, aussi bien dans l'intérêt de l'Espagne que dans l'intérêt du peuple de Cuba, serait l'établissement d'un Gouvernement choisi par le peuple cubain. Le Congrès pense que le Gouvernement des États-Unis doit employer ses bons offices et son influence amicale en vue de l'établissement d'un pareil Gouvernement.

La Chambre constate que les États-Unis ne sont pas intervenus dans les luttes entre les Gouvernements européens : mais en raison des relations étroites qui existent entre le peuple des États-Unis et le peuple de Cuba, relations qui sont la conséquence de leur proximité et d'échanges commerciaux, et en vue de la guerre actuelle qui cause des préjudices aux Américains, le Congrès est d'avis que le Gouvernement doit être prêt à protéger par son intervention, si c'est nécessaire, les intérêts des sujets américains ».

Il y avait, comme le fait remarquer M. Mérignhac, une certaine différence entre la résolution du 28 février, votée par le Sénat et la résolution de la Chambre en date du 2 mars. La première assemblée « avait décidé que le Président des États-Unis offrirait ses bons offices au Gouvernement espagnol pour obtenir la reconnaissance de l'indépendance de Cuba ». La Chambre des Représentants « pensait que le Gouvernement des États-Unis devait employer ses bons offices et son influence amicale en vue de l'établissement à Cuba d'un Gouvernement indépendant ». La deuxième formule était à coup sûr plus modérée que la première, mais elle devait aboutir au même résultat, étant donnée sur ce point la juste susceptibité du Gouvernement espagnol. Les deux assemblées paraissaient d'ailleurs désirer un échec, en dépit des termes *amicaux* de leurs résolutions. Le passage relatif à une intervention possible du Président pour protéger, s'il était nécessaire, les intérêts des sujets américains établis à Cuba, ne contenait rien de contraire au droit des gens.

L'indignation succédait en Espagne à l'émotion, et des manifestations nombreuses s'organisaient dans les rues et allaient protester devant les consulats américains. On racontait que les insurgés cubains préparaient à New-York l'émission d'un emprunt de 100 millions de dollars, et qu'ils offraient une partie des titres de cet emprunt aux sénateurs et aux députés américains en échange de la reconnaissance de la belligérance.

Et, tandis que le Gouvernement américain se montrait plutôt hostile aux démonstrations des assemblées, le Sénat renvoyait à sa commission des Affaires Étrangères la résolution votée par la Chambre des Représentants en faveur de Cuba. Cette commission nommait à son tour une commission spéciale, chargée de conférer avec une délégation de la commission des Affaires Étrangères de la Chambre en vue d'arriver à l'adoption d'un texte unique.

Mais les propositions votées par les deux assemblées

étaient des résolutions *concurrentes*. Le vote de ces résolutions permettait au Président de ne prendre aucun parti, et de les considérer comme de simples manifestations d'opinion. Le vote de résolutions *conjointes* au contraire l'aurait obligé dans les dix jours de les ratifier ou de leur opposer son *veto*. Si elles étaient de nouveau votées avec une majorité des deux tiers des voix dans chaque assemblée, le Président serait obligé de les sanctionner. L'attitude de M. Cleveland paraissant hostile à la reconnaissance de la belligérance, plusieurs sénateurs songèrent à substituer au vote d'une résolution concurrente une résolution conjointe. M. Allen, sénateur|populiste du Nébraska, déposa une proposition dans ce sens. Mais le Sénat sembla pris à ce moment d'une tardive sagesse : la proposition Allen fut renvoyée pour examen au Comité de Affaires Étrangères. M. Hale fit observer que le Sénat manquait des éléments d'information nécessaire pour reconnaître les insurgés cubains comme belligérants et que les faits connus n'étaient pas de nature à confirmer les paroles violentes de quelques sénateurs. M. Stewart osait même dire que, si les États-Unis ne devaient pas souffrir qu'une puissance étrangère se mêlât de leur indiquer de quelle manière et dans combien de temps ils devaient mettre fin à une rébellion intérieure, l'Espagne avait les mêmes droits.

Pendant ce temps, le Gouvernement observait honnêtement les devoirs de la neutralité et faisait saisir quelques vaisseaux qui portaient à Cuba de la contrebande de guerre. Il songeait seulement à envoyer à Cuba une Commission chargée de reconnaître si la situation des insurgés était vraiment de nature à autoriser une reconnaissance de belligérance.

Des manifestations se produisaient en sens divers. Le sénateur Mills proposait une résolution conjointe extrêmement violente; il voulait que le Président demandât à l'Espagne d'accorder à Cuba son autonomie locale, et fût autorisé en cas de refus à s'emparer de l'île et à l'occuper jusqu'à ce que ses habitants eussent décidés eux-mêmes de leur sort. Mais cette résolution était renvoyée à la commission interparlementaire des Affaires Étrangères et plusieurs journaux des États-Unis déclaraient que sa violence même accentuerait encore la réaction qui se manifestai au Sénat contre les sympathies cubaines [1]. Sans doute, la Convention républicaine de l'État de Minnesota se déclarait en faveur de la reconnaissance comme belligérants des insurgés cubains, mais elle se prononçait pour la candidature de M. Mac-Kinley à la Présidence contre M. Davis, l'auteur de la fameuse nouvelle doctrine Monroë que nous avons appréciée. Toutes les résolutions relatives à Cuba étaient renvoyées à la commission interparlementaire, mais l'impression générale était que le passage de la résolution de la Chambre des Représentants, relatif à l'intervention devait être supprimé, et que le texte voté par le Sénat serait présenté au vote de la Chambre.

L'opinion espagnole se montrait également plus sage, et

_____

[1] *Journal des Débats* du 25 mars.

prenait son parti de voir les Chambres américaines voter la déclaration de belligérance. Elle mettait tout son espoir dans la fermeté du Président et on assurait à Madrid que M. Cleveland ne prendrait aucune décision avant la saison des pluies. De bonnes nouvelles arrivaient de Cuba; les insurgés étaient battus dans plusieurs rencontres et ils perdaient leurs meilleurs chefs.

Les jingoës firent une dernière tentative : le sénateur Call présenta une résolution *conjointe* demandant au Président d'envoyer à Cuba des forces suffisantes pour mettre un terme aux atrocités espagnoles et protéger les citoyens américains. La résolution invitait en outre M. Cleveland à notifier à l'Espagne que les États-Unis interviendraient à main armée si les *cruautés* et les *assassinats* ne cessaient aussitôt. Mais ce projet ne fut pas discuté.

M. Hitt, Président du comité des Affaires Étrangères de la Chambre des Représentants prononça un long et véhément discours, pressant la Chambre d'adopter les conclusions de la commission interparlementaire reprenant le texte du Sénat en faveur des insurgés cubains. Voici le résumé de son discours donné par le *Temps* du 5 avril : « Lorsqu'une guerre se prolonge indéfiniment entre une métropole et sa colonie, la meilleure solution est la séparation, et il est alors utile qu'une autre nation impose sa médiation. Ce rôle appartient aux États-Unis, où les législatures, les chambres de commerce, les églises, les associations et des milliers de personnes ont adressé à la Chambre des pétitions en faveur de l'indépendance de Cuba. Les seuls à protester sont les commerçants et les financiers qui s'occupent du marché financier espagnol ou de la vente de munitions de guerre. Il n'est pas juste et équitable que les États-Unis continuent d'être la base d'opérations pour écraser un peuple luttant pour sa liberté, et à obéir à toutes les réquisitions du ministre d'Espagne au lieu d'observer la neutralité et de reconnaître le drapeau cubain. La cause de l'Espagne décline depuis deux mois; les insurgés remportent des succès, leur autorité s'étend sur un territoire de 600 milles de la côte orientale jusqu'à la côte occidentale; les Espagnols, au contraire, sont enfermés dans les villes.

« L'attitude de l'Espagne dans le passé justifie la reconnaissance des insurgés comme belligérants. Pendant la guerre de Sécession américaine, l'Espagne s'est emparée de Saint-Domingue afin d'entraver l'influence des États-Unis et de les empêcher d'obtenir une station à Samana.

« En outre, l'Espagne a reconnu les confédérés plusieurs mois avant toute effusion de sang.

« Dès que la Chambre aura accepté la résolution du Sénat, il n'est pas douteux que le pouvoir exécutif obéira à la voix de la nation et reconnaîtra bientôt l'indépendance de Cuba. »

M. Hitt ajoutait que lors de la précédente guerre cubaine, le général Grant avait offert aux deux partis ses bons offices en faveur de la reconnaissance de l'indépendance sans que le maréchal Prim se fût offensé. « Il avait répondu que l'Espagne ne consentirait à sortir de Cuba que d'une manière digne et honorable, que les insurgés devaient cesser les hostilités et que la question de la séparation serait soumise au referendum des Cubains. Ces conditions firent rompre les négociations sans que l'intervention des États-Unis eût produit aucun *casus belli*. Aujourd'hui, l'Espagne peut encore repousser un conseil amical, mais le temps est proche où il lui faudra bon gré, mal gré, reconnaître l'indépendance de Cuba ».

Nous avons reproduit un long résumé de ce discours, parce qu'il reflétait admirablement les raisons de la plupart des Américains de reconnaître l'indépendance cubaine. M. Hitt fut écouté, et le 7 avril par 244 voix contre 27, la Chambre des Représentants adoptait le rapport de la commission interparlementaire. La résolution, votée par les deux Chambres était, nous le savons, conçue en ces termes :

« Résolu par le Sénat, concurremment avec la Chambre des Représentants, que dans l'opinion du Congrès un état de guerre publique existe entre le Gouvernement de l'Espagne et le Gouvernement proclamé et depuis quelque temps maintenu par la force des armes par le peuple de Cuba, et que les États-Unis devraient garder une stricte neutralité entre les puissances belligérantes à l'égard de leurs droits de belligérants dans les ports et le territoire des États-Unis.

« Résolu en outre que les bons offices des États-Unis devraient être offerts par le Président au Gouvernement espagnol pour la reconnaissance de l'indépendance de Cuba. »

« **Par cette déclaration**, disait *le Temps,* déclaration qui tranchait en passant les problèmes les plus délicats du droit des gens, le Congrès avait d'un seul coup reconnu la qualité de belligérants aux insurgés de Cuba, proclamé la neutralité des États-Unis entre les combattants et offert les bons offices du Gouvernement de Washington pour l'établissement de l'indépendance de la Perle des Antilles et la restauration de la paix [1]. »

Mais le même journal appréciait avec une ironique justesse la valeur de cette déclaration : « Le Congrès n'a point voulu aller jusqu'au bout dans la voie dangereuse où il s'était engagé. Il a bien voulu faire du chauvinisme, mais du chauvinisme platonique. En votant le texte de la fameuse résolution sortie des conférences des comités des deux Chambres, il savait très bien qu'il donnait un grand coup d'épée dans l'eau. C'était précisément ce qu'il avait à cœur de faire. Le règlement a des subtilités exquises qui permettent des manifestations sans danger. S'il s'était agi de voter une résolution *conjointe,* toute la prudence Yankee se serait gendarmée, mais une simple résolution *concurrente* ne saurait soulever la moindre difficulté. C'est qu'en effet la première doit être soumise au Président qui la ratifiera ou lui opposera son *veto* comme à un projet de loi, tandis que la seconde — *telum imbelle sine ictu* — est purement et simplement pour la galerie, n'a d'autre effet que de frapper l'air de sons impuissants,

____

[1] *Le Temps* du 8 avril.

n'engage en rien la responsabilité de l'exécutif et ressemble fort à ces expressions anonymes d'opinion que les gamins aiment à inscrire sur les murs des lieux publics ».

III.

Le Président Cleveland était l'arbitre de la situation ; il montra une sagesse courageuse et refusa de suivre l'opinion ; le 4 mai, sans avertir les Chambres, il offrait sa médiation au Gouvernement espagnol, mais cette médiation devait être refusée le 4 juin, et de longues conférences avaient lieu à Washington entre M. Cleveland et M. Dupuy de Lôme, ministre d'Espagne ; ce dernier protestait avec énergie contre le vote du Congrès.

La presse espagnole protestait également, mais elle se montrait confiante dans l'énergie du Président. Elle espérait que celui-ci ne prendrait aucune décision avant la saison des pluies, et que d'ici là une formule serait trouvée, conciliant les aspirations autonomistes des Cubains et les intérêts commerciaux des États-Unis et de l'Espagne.

En Amérique, on croyait également que M. Cleveland n'agirait pas ; le bruit courait même qu'il informerait par la voie diplomatique le Gouvernement espagnol qu'il n'était pas lié par le vote du 7 avril.

Mais la situation ne s'améliorait pas à Cuba. Les insurgés confiants dans les secours des Américains, relevaient la tête et le général Weyler déclarait que la rébellion ne pourrait être domptée avant deux ans.

L'opinion américaine refusait en effet d'imiter la sagesse de M. Cleveland et encourageait les Cubains par tous les moyens. L'avocat-conseil du Gouvernement espagnol à Washington relevait 45 expéditions de flibustiers et de secours à destination de Cuba. Les tribunaux inférieurs acquittaient tous les individus qui envoyaient aux insurgés des munitions et de l'argent. La Cour suprême de Justice refusait de seconder le Gouvernement dans ses efforts loyaux pour réprimer la contrebande de guerre. Il avait soumis à la Cour suprême des flibustiers saisis par une croisière américaine à bord de l'*Horsa ;* ces derniers étaient condamnés, mais les considérants du jugement indiquaient aux Américains le moyen d'envoyer légalement des hommes et des armes à Cuba : les navires avaient le droit de transporter des armes comme articles de commerce et de prendre des passagers à destination du pays où les armes étaient envoyées. Si les passagers du *Horsa* étaient condamnés, c'était « pour avoir chargé ou aidé à charger les armements, s'identifiant avec le chargement, et assumant ainsi le caractère d'une expédition militaire » ; mais la présence d'hommes et d'armes sur le même navire ne constituait pas une opération militaire à moins qu'on ne pût prouver que les armes étaient destinées aux hommes ; il suffisait donc d'embarquer séparément les hommes et les armes (1). Cette subtilité juridique autori-

---

(1) Plusieurs navires furent envoyés ainsi, le *Laurada* notamment.

sait tous les secours et l'intervention la moins déguisée des particuliers américains.

Un incident souleva dans toute l'Union une émotion extraordinaire : malgré les démarches du consul, le conseil de guerre de la Havane condamnait à mort des flibustiers américains saisis à bord du *Competitor*. Le Gouvernement de Washington protestait aussitôt. M. Olney exhumait un traité de 1795 entre l'Espagne et les États-Unis, et rappelait un protocole signé en 1877 par M. Caleb Cushing, en vertu desquels les citoyens amérirains ne pouvaient être traduits que devant les tribunaux ordinaires pour demander que le procès de leurs concitoyens fût soustrait à la connaissance du conseil de guerre. M. Cleveland lui-même déclarait que leur exécution serait considérée par les États-Unis comme un acte *peu amical*. Le sénateur Morgan prenait prétexte de cette affaire pour déposer une résolution conjointe en faveur de la reconnaissance des insurgés comme belligérants « afin d'obliger le Président à agir ». De leur côté, les généraux espagnols protestaient, et menaçaient de démissionner si la sentence du conseil de guerre n'était pas exécutée. Cependant le Gouvernement de Madrid dut céder.

Dans ces circonstances critiques, la généreuse nation espagnole fit des efforts surhumains [1], et dans le Discours

(1) D'après des documents officiels, à la fin de juillet 1896, 179.000 hommes et 6.000 officiers avaient été envoyés à Cuba ; 100.000 seulement étaient en état de lutter, 30.000 étaient morts, 40.000 malades ou rapatriés. L'Espagne dépensait pour Cuba 50 millions par mois. Une insurrection formidable éclatait aux Philippines.

du Trône du 12 mai, la Reine Régente annonça avec une noble fierté les intentions de son Gouvernement : « Les rebelles veulent leur indépendance et leur autonomie locale. Si l'insurrection triomphait, l'œuvre de la civilisation à Cuba ferait un pas en arrière. La prospérité, l'industrie et le commerce de l'île n'accroîtraient pas avec son indépendance.

« La nation espagnole ne peut rester indifférente à l'avenir de ses enfants égarés par l'ambition politique, et elle ne peut abandonner la mission civilisatrice que lui imposent son histoire et son honneur. »

La Reine Régente affirmait que l'Espagne ne reculerait devant aucun sacrifice pour maintenir son autorité à Cuba. L'insurrection était en décroissance, et aurait déjà été anéantie sans les secours reçus par les insurgés de l'étranger, où l'opinion publique était trompée sur la situation politique et administrative de Cuba. Cependant ces secours n'auraient pas suffi à prolonger la lutte sans le chimérique espoir qu'ils ont entretenu parmi les insurgés d'obtenir la protection d'une grande puissance. Il est à espérer que la déception que les insurgés éprouveront à cet endroit contribuera à rétablir la paix. Le discours reconnaissait qu'une grande partie de l'opinion américaine était hostile à l'Espagne, mais rendait un éclatant hommage à la conduite correcte et amicale du Gouvernement « qui ne s'était pas un seul instant départi de la ligne de conduite qui correspond à la loyale amitié qui a toujours existé entre les deux pays depuis le commencement de la République ».

L'attitude du Président demeurait en effet parfaitement correcte : le 12 juin, il lançait une proclamation rappelant que les lois de la neutralité aux États-Unis défendaient aux citoyens de participer à quelque expédition que ce fût contre un pays avec lequel la République était en paix ; mais il était impossible à son Gouvernement de réprimer tous les envois de secours que faisaient les particuliers aux insurgés cubains.

Le Gouvernement espagnol pouvait être certain que la belligérance ne serait pas reconnue à ces derniers avant le 4 mars 1897, date à laquelle M. Cleveland quitterait la Maison-Blanche. Le Sénat, où son parti comptait la majorité ne l'obligerait probablement pas à se prononcer. Mais les jingoës résolurent d'agir sur l'opinion publique en vue des prochaines élections présidentielles.

Des meetings favorables aux Cubains furent tenus dans un grand nombre de villes ; le drapeau de la République cubaine était acclamé dans toutes les manifestations, et les *conventions* préparatoires faisaient prendre aux candidats à la Présidence l'engagement d'agir en faveur de Cuba. La convention de Saint-Louis, qui désignait M. Mac-Kinley aux suffrages des électeurs républicains, adoptait à une immense majorité un programme présenté par M. Foraker, ancien sénateur de l'Ohio : « au point de vue international, nécessité d'affranchir de toute influence des puissances européennes et de défendre contre tout empiétement l'hémisphère américain, de constituer l'union de tous les États du Nouveau-Monde où l'anglais est la langue prédominante, de garder Hawaï libre de tout contrôle étranger, d'*assurer l'indépendance de Cuba,* de construire le canal de Nicaragua et de fonder une station navale en achetant une des îles danoises des Indes occidentales, enfin d'appliquer en tout et contre tous la doctrine de Monroë ».

Le passage relatif à Cuba avait suscité une émotion extraordinaire, et pendant que M. Foraker, développant et commentant l'article du programme, avait parlé de l'absolue nécessité d'affranchir « l'île héroïque », un membre de la convention, M. Fred. Grant, avait déployé le drapeau cubain aux applaudissements enthousiastes de toute l'assistance.

A la Convention démocrate de Chicago, le Rev. Ernest Stires, clergyman de l'Église protestante épiscopale, demandait à Dieu de hâter l'affranchissement de Cuba. Quelques jours après, la convention nationale argentiste de Saint-Louis exprimait sur la proposition du sénateur Allen « sa sympathie la plus profonde à l'égard des insurgés cubains dans leur lutte pour l'indépendance. La convention déclare que le moment est venu pour les États-Unis de reconnaître que Cuba est et a le droit d'être un État libre et indépendant ». Et, M. Bryan, candidat démocrate à la présidence se déclarait en faveur des Cubains.

L'union des deux partis sur la question cubaine empêcha qu'une très grande importance lui fût donnée dans les discussions électorales, et la politique étrangère passa au second plan, laissant au premier les questions monétáires et douanières. Une lutte acharnée avait lieu entre le républicain Mac-Kinley, protectionniste et partisan de l'or, et M. Bryan, libre-échangiste et partisan des réformes sociales, qui, dans un langage plein de superbes images, déclarait s'opposer à ce « que l'humanité fût crucifiée à nouveau sur une croix d'or ».

Dès les premiers jours de novembre, le vote des électeurs assurait à M. Mac-Kinley une majorité pour l'élection présidentielle : on reparla immédiatement de Cuba.

Le bruit courut un instant que M. Cleveland voudrait reconnaître son indépendance avant de quitter la Maison-Blanche et que M. Olney préconisait une intervention. Mais le Président persista dans l'attitude correcte qu'il avait gardée jusque-là, et déclara qu'il laisserait à M. Mac-Kinley la responsabilité de l'attitude à prendre, car toute action commencée par lui engagerait son successeur, et il se croyait tenu de lui réserver toute liberté. Dans son message du 4 décembre, tout en déplorant la situation de Cuba, il affirmait que la condition des insurgés ne permettait pas qu'ils fussent reconnus. Il blâmait les agissements des sujets américains « inquiets et aventureux dont la participation active dans l'insurrection imposait aux États-Unis une surveillance onéreuse » et il jugeait inopportune la proposition d'accorder aux insurgés la qualité de belligérants. Mais il ajoutait : « L'achat de Cuba par les États-Unis serait peut-être digne d'être pris en considération, si l'on pouvait être assuré du désir de l'Espagne d'accueillir une telle proposition. Il semble que si l'Espagne accordait à Cuba une autonomie véritable, il n'y aurait aucune raison pour que la pacification de l'île ne fût pas effectuée sur une telle base; ce serait une solution qui laisserait intacte la position de l'Espagne sans toucher à son honneur.

« Le Gouvernement américain, il y a quelques mois, a informé l'Espagne que si, comme mesure de satisfaction, un projet de home rule était offert aux insurgés et accepté par eux, et en même temps une garantie pour le présent, le pouvoir exécutif des États-Unis tâcherait de fournir cette garantie par des moyens acceptables pour l'Espagne; comme il n'y a pas de raison de croire qu'elle y ait été mal venue, le message espère que ses efforts pour la réconciliation de l'Espagne et des Cubains pourront promptement aboutir. »

Et, devenant plus menaçant encore, il rappelait que la politique et les intérêts des États-Unis les obligeaient à s'opposer à l'acquisition de l'île et à l'ingérence de toutes les autres puissances dans les affaires de Cuba. « On ne saurait raisonnablement supposer, disait-il en terminant, que l'attitude des États-Unis soit indéfiniment maintenue, et quoique ces derniers soient désireux de respecter la souveraineté de l'Espagne, il est nécessaire de considérer que par suite des événements ils pourraient se trouver dans une situation insolite et sans précédent; il serait nécessaire d'imposer une limite à leur attente patiente et de voir l'Espagne terminer la lutte soit seule, soit avec la coopération des États-Unis. Quand l'impuissance de l'Espagne

deviendra manifeste, et qu'il sera démontré que l'extinction par tous les moyens du régime de la souveraineté
espagnole à Cuba n'aboutit pas, que la lutte se continuera
en des sacrifices inutiles de vies humaines, le moment
arrivera où les obligations des États-Unis envers la souveraineté espagnole seront remplacées par des considérations plus élevées que les États-Unis sauraient rem-
plir ».

Si le message du 4 décembre était menaçant, la réalisation des menaces annoncées était remise à plus tard, à un
moment où « l'impuissance de l'Espagne deviendrait manifeste ». Mais le Président affirmait que la situation était
autre, et M. Olney expliquait dans son rapport toutes les
raisons pour lesquelles les États-Unis ne pouvaient pas reconnaître les Cubains comme belligérants. Il affirmait
qu'ils n'avaient pas de Gouvernement, « ni les prérogatives
et les obligations de la souveraineté ».

Les termes sévères du nouveau message, dit *le Temps,*
auquel nous en avons emprunté des extraits, étaient de
nature à faire bondir le patriotisme castillan. Les Espagnols firent un suprême effort que vinrent couronner
quelques succès. Maceo, un de leurs plus dangereux adversaires, fut tué dans un combat. Le bruit courut qu'il avait
été empoisonné.

Cette rumeur fut pour les jingoës le prétexte de nouvelles tentatives : des sénateurs demandèrent la reconnaissance de la République Cubaine. Le sénateur Mills, du
Texas, demanda que le Président occupât l'île militaire-

ment jusqu'à ce que les insurgés eussent établi un Gouvernement régulier. M. Cullom déclara que l'extinction de la domination espagnole à l'entrée du golfe du Mexique était nécessaire à la prospérité des îles du golfe et du peuple des États-Unis, et que les Américains devaient étudier la question de l'achat de Cuba.

A la Chambre des Représentants, M. Woodman proposait une résolution *conjointe* « déplorant l'assassinat de Maceo, ordonnant au Président des États-Unis d'intervenir à Cuba, de reconnaître l'indépendance de l'île et condamnant sévèrement les procédés des Espagnols pendant la guerre ». M. Cameron proposait en même temps au Sénat une résolution *conjointe* reconnaissant l'indépendance de Cuba et autorisant les États-Unis à intervenir.

Malgré l'opposition du Gouvernement et les déclarations de M. Olney à la commission sénatoriale, celle-ci adoptait à la presque unanimité la résolution conjointe suivante : « Il est résolu par le Sénat et par la Chambre que l'indépendance de Cuba existe, qu'elle est reconnue par les États-Unis et que les États-Unis emploieront leurs bons offices auprès de l'Espagne pour amener la fin de la guerre ». On voit quelle différence séparait cette résolution conjointe et la résolution concurrente du 7 avril : l'une reconnaissait l'état de guerre à Cuba, déclarait que la plus stricte neutralité devait être maintenue entre les belligérants et décidait que le Président devait offrir à l'Espagne ses bons offices en vue d'obtenir la reconnaissance de l'indépendance de Cuba ; l'autre reconnaissait l'indépendance

de l'île et affirmait que les États-Unis interviendraient
pour amener la fin de la guerre.

Une pareille résolution était absolument contraire au
message du 2 décembre 1823; elle suscita une vive émotion. Un des protagonistes de la doctrine Monroë *seconde
manière*, le sénateur Davis, que nous connaissons déjà,
soutenait bien que les États-Unis, en reconnaissant l'indépendance de Cuba, ne prenaient nullement la responsabilité de la maintenir et qu'ils continueraient à observer
une parfaite neutralité entre les belligérants; mais cette
opinion était inadmissible, et l'adoption par le Congrès et
le Président de la Résolution conjointe du Comité devait
amener une situation que l'Espagne ne pourrait accepter.

Le vote du Congrès ne paraissait pas douteux, M. Cleveland était en droit de lui opposer son *veto;* il prit cou-
rageusement l'offensive, et M. Olney déclara que le Président ne tiendrait aucun compte de la résolution conjointe
qui pourrait être votée, et qu'il la considèrerait comme une
manifestation de l'opinion publique : c'était à lui seul que
la constitution donnait le pouvoir de reconnaître un nouvel
État étranger.

Des débats orageux s'élevèrent à ce sujet dans les Chambres; quelques sénateurs exaltés parlèrent de mettre M.
Cleveland en accusation, comme l'avait été en 1865 le
président Johnson; d'interminables discussions s'enga-
gèrent au sujet des droits du Président en matière de politique extérieure.

L'attitude de M. Cleveland rassura le Gouvernement

espagnol ; M. Canovas déclara que l'adoption de la résolution Cameron ne serait pas regardée comme un *casus
belli*. La discussion de cette proposition était d'ailleurs
ajournée par le Sénat après les vacances de Noël. A ce
moment, elle fut repoussée par un discours de M. Sherman, président du comité des Affaires Étrangères, « afin
de dégager la question de l'intervention du Congrès au
moment de l'entrée en fonctions du nouveau Gouvernement, dans le cas où M. Olney ne l'aurait pas tranchée lui-
même auparavant ».

IV.

Au moment de l'entrée en fonctions de M. Mac-Kinley,
la situation à Cuba était moins nette que jamais. Les
Espagnols annonçaient tous les jours des victoires et la fin
prochaine de l'insurrection, et celle-ci résistait toujours.
M. Canovas, qui n'avait cessé de déclarer qu'aucune concession ne serait faite aux Cubains avant leur soumission
complète, essaya d'agir à la fois par des mesures politiques
et par la guerre. Par son ordre, le général Weyler autorisa
la culture de la canne à sucre dans quelques provinces. Il
annonçait qu'une large autonomie serait accordée à Cuba
dont les habitants jouiraient d'un self-government analogue à celui des Canadiens. Une assemblée de trente-cinq
membres, en majorité élus, serait créée sous le nom de
conseil d'administration, chargée de voter le budget,

d'examiner les nominations des fonctionnaires et de fixer les tarifs doûaniers, à la condition que des avantages seraient réservés aux produits espagnols. Les conseils généraux et les conseils municipaux nommeraient leurs présidents et seraient les maîtres absolus de l'instruction publique. Mais la réalisation de ces réformes restait subordonnée au succès des opérations militaires.

Ces promesses ne donnèrent pas les résultats attendus; certains hommes politiques demandaient que Cuba cessât d'envoyer des députés aux Cortès, d'autres déclaraient que le lien qui unissait la métropole à sa colonie était dorénavant rompu; les Cubains révoltés voulaient à tout prix l'indépendance.

Ils attendaient beaucoup de M. Mac-Kinley et de son secrétaire d'État M. Sherman; le bruit courait que la France, l'Angleterre et l'Allemagne pressaient l'Espagne d'accepter les bons offices du Gouvernement de Washington. Les insurgés déclaraient qu'ils accepteraient un arbitrage des États-Unis, mais qu'ils étaient prêts à continuer la lutte. Maximo Gomez prétendait disposer de 40.000 fusils; il aurait à sa disposition 75.000 hommes s'il avait des armes à leur donner.

Fidèles à leur tactique, les jingoës tentèrent des démonstrations de nature à agir sur l'opinion du nouveau Président. Plusieurs sénateurs déclaraient que le Président était lié par le vote d'une résolution conjointe, même en matière de politique extérieure. M. Chandler déposait sur le bureau du Sénat l'ordre du jour suivant : « Personne ne sera poursuivi aux États-Unis pour des actes tendant à aider la République de Cuba ». D'autres résolutions conjointes demandaient que l'Espagne mît immédiatement en liberté des sujets américains accusés par les conseils de guerre de Cuba de favoriser la rébellion. Et l'Espagne était souvent obligée de céder. A la Chambre des Représentants, M. Sulzer demandait que les États-Unis déclarassent la guerre à l'Espagne.

Le message du nouveau Président était impatiemment attendu ; il déçut les exaltés et rassura les très rares amis de la paix. « La politique des États-Unis, disait-il, a toujours été d'observer des relations pacifiques et amicales avec toutes les nations. Washington a inauguré une politique de non-intervention en restant libre d'engagements à l'extérieur. Les États-Unis poursuivront une politique ferme, digne, juste, impartiale, attentive à sauvegarder l'honneur national et exigeant partout le respect des droits des citoyens américains ».

Le Gouvernement espagnol essaya de profiter des dispotions pacifiques de M. Mac-Kinley. La question des rapports entre Cuba et les États-Unis avait toujours pris une allure économique, et M. Canovas fit très habilement entrevoir au Gouvernement de Washington la signature possible d'un traité de commerce spécial entre Cuba et l'Amérique. Quelques jours après, M. Mack-Kinley remportait un premier succès sur les jingoës : le 10 mai, la majorité du Sénat repoussait une résolution Morgan invitant l'Exécutif à reconnaître les Cubains belligérants afin de lui laisser le temps d'étudier la question.

Le Président ne s'est pas départi jusqu'ici de son attitude pacifique. La reconnaissance de belligérance est, nous l'avons vu, une question exclusivement politique, une question de fait, sur laquelle M. Mac-Kinley cherche à s'éclairer. Il a envoyé à Cuba, avec l'approbation du Gouvernement espagnol, un agent spécial, M. Calhoun, dont le mandat officiel est de rechercher les causes de la mort d'un ressortissant américain nommé Ruiz, mais dont la véritable mission consiste à contrôler les informations que lui a envoyées le consul Lee et à l'éclairer sur la situation exacte des insurgés [1]. Il a nettement déclaré à M. Davis et à MM. Foraker et Morgan, président et membres de la commission des Affaires étrangères du Sénat, qu'il ne prendrait aucune décision avant d'avoir reçu le rapport de M. Calhoun. Il ne dissimula pas son vœu d'arrêter à Cuba l'effusion du sang et d'intervenir « dans un esprit d'amitié », mais il ne voulait rien faire qui pût amener une guerre entre l'Espagne et les États-Unis [2].

Les jingoës ne se sont pas tenus pour battus. M. Foraker, de l'Ohio, rappelant au Sénat l'offre de médiation faite par M. Olney le 4 mai et repoussée par M. Canovas le 4 juin, affirmait que les États-Unis n'avaient plus qu'à choisir entre la reconnaissance de belligérance et l'intervention. A l'unanimité moins 14 voix, le Sénat adoptait

---

[1] M. Lee, consul général des États-Unis à la Havane, est très hostile aux Espagnols.

[2] New-York Herald, dans *le Temps* du 14 mai 1897.

le 20 mai une résolution conjointe déclarant « que l'état de guerre existe à Cuba, et que les États-Unis maintiendront une stricte neutralité en reconnaissant aux deux partis les droits des belligérants ».

Cette résolution était conjointe, mais elle n'a pas encore été votée par la Chambre des Représentants. Cette assemblée n'est pas plus modérée que le Sénat, mais elle compte une majorité républicaine homogène, disposée à soutenir la politique du Président, tandis que les sénateurs républicains n'auraient pas tenu compte des désirs connus de M. Mac-Kinley. Le speaker de la Chambre, M. Read, du Maine, est « un stratégiste parlementaire consommé, un expert en fait des stratagèmes et d'expédients, doublé d'un autocrate »; le Président du Comité diplomatique, M. Hitt, est « un adroit tacticien, un ennemi juré du spread eagleism »; ils s'opposeront tant que le Président l'ordonnera à la mise en discussion de la résolution conjointe, ils ont déjà prouvé leur énergie : les jingoës qui avaient essayé le 1er juin de faire discuter cette résolution contre la volonté du Président ont été battus par une majorité de 33 voix. Serait-elle adoptée par surprise que M. Mac-Kinley pourrait ressusciter la théorie de M. Cleveland sur les pouvoirs du Président en matière de politique extérieure, et refuser de ratifier la résolution conjointe.

V.

Mais une situation aussi tendue ne saurait durer indéfiniment. La courageuse prudence de MM. Cleveland et Mac-Kinley a jusqu'ici empêché un conflit, mais le rapport de M. Calhoun peut fournir un nouvel argument aux partisans de la reconnaissance des Cubains comme belligérants, et une reconnaissance de cette sorte peut n'être que le prélude d'une intervention, étant données les sympathies intéressées des Américains pour leurs voisins. Le temps des vacances des Chambres américaines, pendant lequel les Espagnols espéraient en finir avec l'insurrection, n'a point vu la situation se modifier. L'assassinat de M. Canovas a privé l'Espagne du meilleur de ses hommes d'État, le seul peut-être dont la valeur et l'énergie fussent parvenues à remettre Cuba sous le joug. L'insurrection s'est ranimée : en dépit des nouvelles optimistes du général Weyler, les troupes régulières ont été battues dans plusieurs rencontres. En même temps les jingoës américains redoublent d'efforts : des envois d'armes et de munitions quittent tous les jours les ports de la Floride à destination de Cuba. Les démocrates argentistes, quelques-uns d'entre eux tout au moins, ne reculeraient pas devant une guerre avec l'Espagne ; c'est l'opinion de M. Mac-Kinley [1].

(1) *Le Temps* du 15 mai 1897.

Une guerre en effet entraînerait le draînage complet de la réserve d'or, et laisserait le Trésor dépourvu de ce métal pour le rachat des billets, et privé des ressources nécessaires pour les dépenses courantes. Il faudrait demander au Congrès les moyens de parer à cette situation, et les argentistes qui sont en majorité profiteraient de la situation en faveur de l'argent [1]. Les républicains sont protectionnistes ardents, et l'entrée de Cuba dans l'Union alimenterait leur marché de matières premières et donnerait aux produits manufacturés de l'Est de nouveaux clients. Enfin, d'excellents esprits dans les deux camps pensent que l'immense émigration européenne aux États-Unis a fait perdre aux Américains du Nord le caractère d'une nation homogène, et qu'une guerre serait une épreuve salutaire pour unifier le pays, et donner aux habitants de l'Union, de quelque origine qu'ils soient, un sentiment national américain en face de l'ennemi.

Une dernière tentative a été faite en faveur de la paix par M. Mac-Kinley : le nouveau ministre américain à Madrid, le général Woodford a reçu l'ordre de faire au Gouvernement de la Reine-Régente des propositions encore imparfaitement connues, mais dont la gravité paraît certaine, et qui, sous une forme courtoise, pourraient impliquer une sorte d'ultimatum. Insistant sur l'impossibilité qu'il y aurait selon lui à terminer les hostilités dans un temps prochain, et sur les pertes énormes que la guerre

(1) Les démocrates ne possèdent, il est vrai, qu'*une* voix de majorité.

faisait subir aux intérêts américains, le général Woodford aurait déclaré que, si tout n'était pas fini pour le commencement de novembre, les États-Unis se considéreraient comme libres de faire ce qu'ils jugeraient indispensable pour assurer la paix complète et permanente dans l'île de Cuba; pour prévenir une telle situation, le Président Mac-Kinley offrait sa médiation aux Espagnols [1].

Ces déclarations, dont le cabinet de Madrid n'a pu faire démentir le fond, ont eu en Espagne un retentissement extraordinaire ; il est à craindre en effet que, si le général Woodford échoue dans sa mission, le Président ne soit obligé de suivre enfin le vœu si souvent exprimé par les Chambres, et que le retour de celle-ci en décembre ne soit le signal de nouvelles manifestations en faveur de Cuba.

Par leur bravoure sur les champs de bataille et par leur indomptable ténacité, les Espagnols ont mérité l'admiration du monde; ils ont défendu contre les prétentions intéressées de l'opinion américaine le droit public européen, et ils n'ont pas reculé devant des menaces de guerre pour affirmer que seuls ils avaient qualité pour agir à Cuba. Mais le moment actuel est peut-être propice pour terminer l'irritante question cubaine. Arrivées à un certain degré de civilisation, les colonies se détachent de leur métropole comme des fruits mûrs se détachent de l'arbre, selon l'expression de Turgot ; c'est pour avoir méconnu cette vérité que les Anglais ont perdu l'Amérique, c'est parce qu'ils l'ont observée qu'ils

(1) *Le Temps* du 21 septembre 1897.

possèdent encore le Canada. Il paraît exister à Cuba un embryon de gouvernement insurrectionnel, qui bat monnaie, qui compte des délégués et des représentants dans plusieurs pays. Le Président de ce gouvernement, M. Cisneros, a convoqué les insurgés à des élections générales; chacun des six États qui composeraient la République cubaine aurait quatre représentants; l'assemblée ainsi élue se réunirait à Gaymarito dans l'État de Camaguey le 2 septembre, et élirait le successeur de M. Cisneros dont les pouvoirs expirent le 16. Celui-ci se représenterait et aurait pour concurrents MM. Bartolome Masso et le Dr Domingo Mendez Capote [1]. Des professeurs de droit, des avocats, des magistrats, des riches commerçants sont parmi les rebelles. Ceux-ci ne seraient donc pas uniquement des nègres et des mulâtres misérables, comme le disent les journaux espagnols.

Le seul moyen pour le Gouvernement de Madrid de ne pas s'aliéner ouvertement le Gouvernement américain serait la signature du traité de commerce prévu dans le projet d'autonomie cubaine. La réalisation de ce projet a été ajournée au terme définitif de l'action militaire; il conviendrait de l'appliquer immédiatement; il ne serait peut-être pas trop tard. Enfin, la plus large autonomie devrait être accordée sans retard à l'île insurgée. Si le parti conservateur paraît vouloir maintenir les traditions

____

[1] *Le Temps* du 14 mai. Il ne semble pas que ces élections aient eu lieu (29 septembre).

intransigeantes de M. Canovas, les chefs les plus éminents du parti libéral se déclarent en faveur de l'autonomie de Cuba [1].

Antilles danoises.

Une preuve nouvelle de la volonté des Américains de ne pas permettre aux États européens d'acquérir en Amérique les colonies des autres États européens nous a été récemment fournie à propos des Antilles danoises.

Les Antilles danoises, Sainte-Croix, Saint-Jean et Saint-Thomas ont seulement une superficie de 358 kil. q. et ne comptent que 34.000 habitants, mais Saint-Thomas occupe une merveilleuse situation, et sert d'escale aux navires qui pénètrent dans le golfe du Mexique.

Les États-Unis ont eu plusieurs fois la tentation de s'en emparer. En 1867, l'année même de l'annexion du territoire d'Alaska, le secrétaire d'État Seward convenait avec le Danemark d'acheter les trois petites îles pour l'énorme somme de 138 millions de francs. Les habitants, consultés, consentaient à devenir citoyens américains, mais le Sénat rejeta le traité préparé par M. Seward, trouvant les

(1) L'arrivée aux affaires d'un cabinet libéral présidé par M. Sagasta paraît devoir être le signal d'une nouvelle politique. Le général Weyler a été rappelé, et une large autonomie va être accordée à Cuba. Les États-Unis semblent disposés à attendre, avant d'agir, les résultats de la nouvelle politique de M. Sagasta (oct. 1897).

conditions qu'il avait acceptées trop onéreuses pour le Trésor public.

L'extension considérable donnée depuis cette époque par les Américains à la doctrine de Monroë leur a fait regretter cette décision, et craindre que les Antilles danoises ne tombent aux mains d'une puissance européenne. Le 20 mars 1897, le Sénat chargeait sa commission des affaires étrangères « d'examiner si les États-Unis pourraient acheter au Danemark les îles de Sainte-Croix, Saint-Thomas et Saint-Jean, et, *dans le cas contraire, de s'informer s'il y a possibilité que ces îles soient achetées par une autre puissance* [1] ».

Les îles Samoa.

Comme tous les États européens, les États-Unis ont désiré acquérir des colonies. La possession de colonies eût été une infraction à la doctrine de Monroë, mais cette infraction n'a pas encore été officiellement commise.

Depuis 1870, les Américains du Nord ont examiné à cinq reprises la question de l'annexion des îles Samoa ou l'établissement d'un protectorat sur ces îles.

En 1875, le secrétaire d'État Fish désavoue un sujet américain qui avait promis aux petits rois de ces îles la protection de la Grande-République. De semblables pro-

(1) *Le Temps*, 22 mars 1897.

messes, suivies des mêmes désaveux, sont faites en 1877 et en 1878. Les chefs indigènes demandaient l'annexion, le secrétaire d'État Ewarts déclare ne pouvoir leur promettre que les « bons offices » des États-Unis dans le cas d'une contestation de leur pays avec un autre État. Le consul américain proclame un protectorat en 1886; il est désavoué. Enfin, en 1889, à la suite des difficultés survenues entre l'Allemagne, l'Angleterre et les États-Unis, une conférence, dite conférence de Samoa, est réunie à Berlin, et les trois puissances s'engagent respectivement à ne pas annexer ces îles, dont le territoire est déclaré indépendant et neutre.

Nous ferons seulement remarquer que ces îles ont très peu d'importance et que leur possession aurait obligé les États-Unis à augmenter leur marine, afin de pouvoir les défendre en cas de conflit. Tout le commerce des îles Samoa est entre les mains des Allemands.

La question hawaïenne.

Les îles Hawaï sont beaucoup plus importantes que les îles Samoa; elles sont à 700 lieues des côtes américaines et leur capitale, Honolulu est une ville de 30.000 âmes.

Les relations des États-Unis avec les îles Hawaï sont assez anciennes : le Gouvernement de Washington avait formellement promis de respecter leur autonomie en 1843, à la suite du traité dans lequel la France et l'Angleterre s'interdisaient à jamais de s'en emparer, mais il avait refusé de prendre aucun engagement écrit. En 1854, le ministre américain à Hawaï déclara ces îles annexées aux États-Unis, mais l'annexion ne put avoir lieu, la civilisation des Hawaïens ne permettant pas l'entrée des îles dans l'Union comme État; un traité de réciprocité fut seulement signé; mais le Sénat ne s'en est pas occupé[1].

Les Hawaïens se civilisèrent assez rapidement sous une dynastie locale qui fournit des hommes très intelligents; le pays, admirablement fertile, devint un immense champ de cannes à sucre, et fit la fortune des émigrants portugais, américains, anglais et allemands qui vinrent se fixer sur son sol.

Cette richesse même devait lui coûter son indépendance. A la suite du vote du tarif Mac-Kinley qui les ruinait en fermant à leurs produits les ports de l'Union, les planteurs américains suscitèrent une révolution à Honolulu : le 12 janvier 1893, aidés de M. Stevens, agent diplomatique des États-Unis, ils renversaient la reine Liluokalani; les vaisseaux américains débarquèrent des troupes qui secoururent les insurgés sous le prétexte de rétablir l'ordre; un gouvernement provisoire était établi et devait rester en fonctions jusqu'à ce que le pays fût annexé aux États-Unis; cinq députés hawaïens, conduits par M. Thurston, étaient partis dans ce but pour Was-

____

(1) Voir Wheaton, *op. cit.*

hington. Le 15 février 1893, le Président Harrisson déclarait les îles Hawaï annexées aux États-Unis.

Le mois suivant, M. Cleveland remplaçait M. Harrisson à la Maison-Blanche. Avec une courageuse honnêteté, le nouveau Président refusa de sanctionner un acte aussi injuste et il retira le traité d'annexion qui était soumis au Sénat. Il proposa même à Liluokalani de la rétablir sur le trône, pourvu qu'il n'eût pas à employer la force. La reine déclina cette offre, puis l'accepta, mais le Gouvernement provisoire refusa de se retirer. Liluokalani essaya de soulever le peuple; faite prisonnière, elle fut bientôt après remise en liberté.

L'opinion ne tint pas rigueur à M. Cleveland; elle comprit que l'annexion des îles Hawaï nécessiterait une flotte relativement considérable et des dépenses assez élevées : le 27 janvier 1895, par vingt-quatre voix contre vingt-deux, le Sénat approuvait la conduite du Président, déclarant que les États-Unis devaient se tenir à l'écart de toute intervention.

Mais le jingoïsme ne renonça pas à la lutte : les planteurs américains d'Honolulu poussaient la Chambre et le Sénat hawaïens à demander l'annexion de leur pays aux États-Unis (26 mai 1896). Un des articles de la Convention de Saint-Louis, qui désigna M. Mac-Kinley au choix des électeurs républicains contenait ce passage : « Garder Hawaï libre de tout contrôle étranger » et le nouveau Président envoyait comme ministre à Hawaï, M. Harold Sewall, partisan décidé de l'annexion.

A la fin de mars, M. Spalding proposait une résolution conjointe tendant à annexer les îles Hawaï; à la même époque des commissaires s'embarquaient pour San-Francisco venant demander à Washington leur accession à l'Union.

Un double péril, politique et économique, menaçait à la fois les Américains d'Honolulu. Le Japon a dirigé depuis quelques mois une partie de son émigration sur ces îles; plus de 6.000 Japonais se sont fixés dans les îles Hawaï pendant le courant de 1896, ne dissimulant pas leur intention de s'emparer peu à peu du Gouvernement du pays. De plus, ces îles fournissaient chaque année aux raffineries américaines pour 15 millions de dollars de sucres bruts, dont le tarif Dingley, que l'on discutait alors, pouvait prohiber l'entrée; une entente s'est faite entre les Américains d'Honolulu et le tout-puissant *trust* des sucres. Malgré les protestations extrêmement vives du Gouvernement japonais, il est très probable que les îles Hawaï formeront un nouvel État de l'Union, et les riches poitrinaires américains qui vont vivre leurs derniers jours sous les cieux polynésiens auront la consolation de mourir à l'abri du drapeau étoilé.

III

LA DOCTRINE DE MONROË SUR LE TERRAIN ÉCONOMIQUE.

Si le Président Monroë avait chassé les Européens de l'Amérique, c'était, tout autant que dans un esprit de prosélytisme politique, pour rompre la sujétion économique et commerciale qui liait à leurs métropoles les anciennes colonies espagnoles et portugaises, et leur donner sur ce terrain une liberté dont les États-Unis devaient être les premiers à profiter. Avec une superbe confiance dans leur vitalité et dans l'avenir de leur race, les Américains du Nord déclaraient hardiment que la situation géographique de leur pays leur conférait le droit de protéger l'indépendance de leurs jeunes voisins contre les tentatives des États du Vieux Monde. L'annexion des immenses territoires de l'Ouest américain compléta leurs frontières ; la question de l'esclavage, question économique au premier chef, leur fit occuper le Texas ; des préoccupations économiques guident toute leur politique ; le général Grant eut pour souci principal de resserrer les relations commerciales de l'union avec les États du Sud [1] ; nous avons vu l'importance des mêmes questions économiques dans les

[1] Cf., p. 97.

affaires du canal interocéanique, des îles Hawaï; l'attitude des États-Unis dans la guerre du Mexique s'explique par la volonté d'empêcher sur leurs frontières la création d'un empire soumis à l'Europe.

La politique économique des Américains du Nord secondait d'ailleurs merveilleusement leurs desseins de suprématie et de protectorat politiques. La Grande-République est en effet obligée d'être protectionniste. Sans doute l'Ouest agricole fournit une immense quantité de produits, supérieure à la consommation locale : des céréales pour plus d'un milliard, du coton pour une valeur de 12 à 1.300 millions, des animaux et de la viande pour 7 à 800 millions, du pétrole pour 250 à 300 millions, du tabac pour 200 à 225 millions, en tout une somme très voisine de 4 milliards. « La situation, dit excellemment M. Poinsard, se résume donc ainsi au point de vue du farmer : placer au dehors la plus grande quantité possible de denrées naturelles; dans cette vue obtenir partout l'admission en franchise des blés, des maïs, des viandes, lards et saindoux, des vins et eaux-de-vie, etc..... D'autre part, acheter à bon compte les objets et denrées qu'il consomme en grande quantité, puisque, nous l'avons vu, le farmer ne demande presque rien à son domaine. Voilà les termes du problème économique tel qu'il se pose pour le législateur américain. Et, naturellement, il le résout dans le sens qui lui paraît le plus favorable à son intérêt immédiat : il est donc libre-échangiste par principe. La Farmer's Alliance ne manque jamais d'inscrire parmi ses revendications politiques la suppression des droits de douane [1] ».

Mais les intérêts de l'Est sont opposés : l'Est est par excellence un pays industriel, désireux de maintenir la protection qui lui a permis d'obtenir une prospérité admirable. La protection était en effet indispensable au début aux manufacturiers de l'Est à cause de leur retard industriel, de la pénurie de leurs capitaux, de l'insuffisance de la main-d'œuvre et de l'âpreté de la concurrence anglaise. Elle est encore aujourd'hui nécessaire. L'Union possède encore des territoires de culture immenses, qui exercent sur la main-d'œuvre une action telle que les salaires sont peut-être plus élevés aux États-Unis que dans aucun pays du monde. La concurrence étrangère est plus âpre que jamais, facilitée par le développement colossal des marines marchandes de l'Angleterre et de l'Allemagne et par la décadence de la marine américaine. « Supprimer le tarif, dit M. Poinsard, serait en somme protéger la fabrication étrangère contre l'industrie locale, en laissant agir en faveur de la première les causes d'infériorité que rencontre la seconde. Dès lors, on peut dire sans aucune exagération que le retour au système du libre-échange deviendrait, selon toute probabilité, la cause immédiate d'un cataclysme industriel sans précédent dans l'histoire économique des peuples, parce que l'industrie, spécialement l'industrie de l'Est, serait incapable dans l'état actuel des choses de lutter contre la production européenne ».

(1) Poinsard, *Libre-échange et protection*, p. 410.

La politique protectionniste s'imposait donc au Gouvernement de Washington; les droits atteignaient en moyenne 15 p. 0/0 en 1861; ils s'élevèrent jusqu'à 46 1/2 p. 0/0 en 1868, et après une courte descente à 20 p. 0/0 en 1868, ils revenaient en 1888 à 49 p. 0/0 avec le tarif Mac-Kinley.

Cette politique devait fatalement amener des représailles, et la plupart des États européens devaient interdire par des droits de douane l'accès de leurs territoires aux produits américains.

L'industrie américaine, qui se développait dans d'admirables proportions à l'abri d'un tarif presque prohibitif, devait chercher pour ses produits de nouveaux débouchés: les États du Centre et du Sud-Amérique, presque sans industrie, ou dont l'industrie était dans l'enfance, devaient leur fournir un marché bien tentant de 45 millions de clients; les aspirations nationales et les aspirations économiques des États-Unis trouveraient également leur satisfaction dans une union douanière de tous les États américains.

Les anciennes colonies espagnoles et portugaises, reliées à l'Europe par de nombreuses lignes de navigation, alors qu'aucun service ne les reliait aux ports de l'Union, étaient pour les États du Vieux-Monde d'excellents acheteurs et ils fournissaient au talent de ses ingénieurs un champ d'action presque illimité. Les États-Unis résolurent de supplanter l'Europe, et de la chasser de l'Amérique du Sud au point de vue économique, comme ils l'en avaient chassée au point de vue politique.

A M. Blaine, dont nous avons apprécié le caractère, était réservé le grand honneur de faire une première tentative dans le sens d'une union douanière des Trois-Amériques. La lutte acharnée que se livraient le Pérou et le Chili lui donna l'idée de soumettre au Président Garfield un projet de Congrès de tous les États américains, qui étudierait les moyens de garantir, par la conclusion de traités généraux d'arbitrage, l'établissement de la paix perpétuelle dans le Nouveau-Monde. Son idée secrète était d'étendre au dernier moment le programme soumis aux délégués et de poser les bases d'une immense fédération américaine. C'était l'idée du Congrès de Panama de 1826 que les États-Unis avaient fait échouer, reprise par les États-Unis.

La fin tragique du Président Garfield et l'arrivée à la Maison-Blanche du vice-Président Arthur amena la reretraite de M. Blaine qui fut remplacé par M. Frelinghuysen, hostile au projet. Mais le parti républicain avait la majorité, et nous avons vu dans l'affaire du canal interocéanique que la politique d'intervention active devait continuer. Malgré le mauvais vouloir de M. Frelinghuysen, le bill autorisant la convocation du Congrès projeté par M. Blaine fut adopté, et en novembre 1882 des invitations étaient envoyées dans ce but à tous les Gouvernements de l'Amérique latine. Cette première tentative devait rester sans effet, le Pérou et le Chili ayant déclaré qu'il n'était pas dans leurs intentions d'envoyer des délégués à Washington, et qu'ils entendaient réserver à une négociation directe le soin de trancher leur différend.

Une nouvelle tentative, cette fois avec un État isolé, devait être faite l'année suivante et réussir. Le 20 janvier 1883, un traité était signé entre les Cabinets de Washington et de Mexico, en vertu duquel les produits naturels du Mexique étaient admis en franchise sur le territoire nord-américain contre l'admission en franchise sur le territoire mexicain des produits manufacturés des États-Unis. En même temps, une ligne ferrée était construite, reliant Mexico au territoire de l'Union.

L'importance de cette manifestation n'échappa à personne, et le *Temps* du 13 avril 1883 écrivait : « L'Union commerciale des deux Républiques contiguës est le prélude d'une union similaire, à plus ou moins longue échéance entre tous les États du Nouveau-Monde, une sorte de Zollverein américain, s'étendant d'abord de la frontière canadienne aux confins de l'Amérique centrale, puis aux confins de l'Amérique méridionale jusqu'au cap Horn..... La doctrine de Monroë, ainsi comprise et organisée, cesse d'être cette abstraction autoritaire que les États-Unis ont cherché depuis plus d'un demi-siècle à faire entrer par leur simple affirmation dans le droit public international, et qui a toujours été tenue par les puissances européennes pour un rêve ambitieux, sans fondement et sans sanction. Elle sera dès lors une réalité palpable, beaucoup plus étendue et plus solide que ne l'ont jamais entrevue les esprits les plus fiers et les plus spéculatifs de cette République ».

Des tentatives étaient également faites en vue d'obtenir

de l'Espagne un arrangement spécial pour Cuba. Encou-
ragé par la signature du traité mexicain, le 7 juillet 1884,
le Gouvernement nommait une commission dite commission de l'Amérique du Sud et du Centre, dont M. George
H. Sharpe était le Président et M. Curtis le secrétaire, avec
mission de rechercher les moyens d'accroître les relations
commerciales des États-Unis avec les États du Nouveau-
Monde. Cette commission se mit résolûment à l'œuvre,
et ne tarda pas à publier des renseignements statistiques
du plus haut intérêt. Le commerce des États-Unis était
évalué à 28 milliards 1/2 pour les produits manufacturés,
et à 13 milliards 1/2 pour les produits agricoles, en tout
à 43 milliards. Le commerce extérieur des Amériques du
Centre et du Sud était évalué à 4 milliards 250 millions,
sur lesquels 2 milliards 100 millions représentaient le
commerce de l'Europe et des États-Unis; et sur ces 2 milliards 100 millions, la part des États-Unis n'était que de
650 millions, 450 millions étaient exportés de l'Amérique du Sud qui n'achetait que pour 200 millions de
produits américains [1].

Les États-Unis achetaient deux fois plus qu'ils ne ven-
daient; ils ne fournissaient que 1/10 de l'importation totale
de l'Amérique du Sud; en 1888, ils n'envoyaient dans l'A-
mérique du Sud que les 5/100 de leur exportation totale [2].

Ces résultats étaient déplorables pour le commerce américain; la commission de l'Amérique du Sud et du Centre,

[1] Étude de MM. Prince et Fermé.
[2] Prince, *Le Congrès des Trois-Amériques*, p. 267.

visita les principaux centres commerçants et industriels de l'Union, New-York, Saint-Louis, San-Francisco, la Nouvelle-Orléans, convoquant les négociants, écoutant leurs plaintes, prenant note de leurs vœux. A la suite de ces enquêtes, elle prit les neuf résolutions suivantes :

1° Établir entre les deux Amériques des communications régulières et directes par bateaux à vapeur.

2° Conclure des traités de commerce comportant des concessions réciproques, effectives et équivalentes sur les tarifs de douane.

3° Simplification et modification des règlements de douane dans l'Amérique du Sud et du Centre.

4° Augmentation et amélioration du corps consulaire.

5° Établissement de maisons de commerce américaines sur les marchés des Amériques du Centre et du Sud.

6° Connaissance plus sérieuse parmi les industriels américains des besoins de ces pays.

7° Système de banques correspondantes et unité monétaire commune.

8° Crédits plus libéraux accordés par les marchands des États-Unis.

9° Introduction du système de l'entrepôt dans les pays de l'Amérique du Sud.

Ces neuf propositions firent l'objet d'un volume de 434 pages que le Président transmit au Congrès le 13 février 1885.

Le Gouvernement résolut de favoriser par tous les moyens en son pouvoir le succès de l'œuvre entreprise ; parmi les moyens proposés, il retenait surtout la création d'une marine de commerce américaine et la conclusion de traités de réciprocité. Ces traités devaient être des traités de commerce « basés sur des considérants tels qu'aucun autre pays ne puisse réclamer la clause de la nation la plus favorisée ». Il investit les commissaires du titre d'envoyés extraordinaires et ministres plénipotentiaires, et ceux-ci s'embarquèrent pour le Vénézuéla en janvier 1885 afin de poursuivre leur enquête.

Dans les premiers mois de l'année 1885 la commission visita les principaux États du Centre et du Sud, conférant avec les ministres et les négociants, sondant les chefs d'État, entrant à propos de chaque objet dans les détails les plus précis; le 26 juillet, elle rentrait à Washington.

Dans leur rapport présenté le 1er octobre, les commissaires affirmèrent le bon vouloir des Républiques du Centre et du Sud; « les relations politiques amicales, disaient-ils, favorisaient le commerce, de même que le commerce hâte l'unité internationale », et ils concluaient surtout à la nécessité de remédier à une situation qui obligeaient les marchandises américaines de passer par Liverpool ou Hambourg pour se rendre dans les ports du Sud.

II.

S'inspirant de ces vœux, le 9 février 1886, les sénateurs Frye et Sherman reprenaient l'idée de M. Blaine, et déposaient un projet tendant à organiser à Washington un Congrès de tous les pays d'Amérique à l'exclusion du Canada. « Ce Congrès, disait une dépêche reçue le 22 février 1886 par le Président de la chambre syndicale des négociants commissionnaires de Paris, aurait pour mission de s'opposer aux empiètements européens, de créer une union douanière et d'examiner les mesures de nature à développer les intérêts des pays représentés ». C'était cette fois, nettement et sans dissimulation, la doctrine de Monroë portée sur le terrain économique.

Cette proposition rencontra tout d'abord auprès des ministres sud-américains accrédités à Washington un accueil enthousiaste; les Américains du Nord ne lui étaient pas moins favorables, et, le 31 mars, le comité diplomatique de la Chambre des Représentants émettait l'avis « que le Gouvernement entrât en négociations avec les autres Gouvernements du continent américain à l'effet de convoquer ceux-ci à prendre part à un Congrès qui se réunirait à Washington pour étudier les questions suivantes :

1° Ligue ou union douanière américaine.

2° Établissement d'un arbitrage définitif chargé de régler tous conflits pouvant s'élever entre les États contractants.

3° Autonomie des États américains.

4° Construction d'un chemin de fer international ».

Le 17 juin, le bill Frye était voté par le Sénat [1] : « Autorisons le Président des États-Unis, à inviter au nom du peuple des États-Unis les délégués du Mexique, de l'Amérique Centrale et de l'Amérique du Sud à se réunir à

(1) *New-York Herald,* 18 juin 1886.

Washington le 1ᵉʳ octobre 1887, pour se joindre aux délé-
guésdes États-Unis, à l'effet de considérer toutes questions
et de recommander toutes mesures tendant à l'intérêt mu-
tuel et à la commune prospérité des États américains. Cent
mille dollars sont consacrés aux dépenses éventuelles de
la Conférence. Les délégués des États-Unis seront au nombre de 24, et prêteront leur concours sans rémunération ».

Les termes de la résolution indiquaient que la plus
grande latitude serait laissée aux congressistes pour arriver
à leurs fins. Ainsi était élargi le programme de MM. Sherman et Frye, qui reprenait sur un grand nombre de points
les conclusions de la commission de l'Amérique du Centre
et du Sud et qu'il est peut-être intéressant de reproduire :

1° Adoption de mesures tendant à assurer la prospérité
des nations américaines et une résistance serrée aux empiètements des pouvoirs monarchiques de l'Europe.

2° Formation d'une ligue douanière.

3° Établissement de services de steamers fréquents entre
les ports des nations coalisées.

4° Unification des règlements de douane, du système de
taxes, manifeste, etc.

5° Adoption d'un système unique de poids et mesures et
de lois internationales pour la protection des personnes,
des propriétés et des marques de fabrique.

6° Création d'une monnaie commune d'argent ayant
valeur libérative dans tous les pays contractants.

7° Adoption d'un système d'arbitrage pour régler tous
les conflits.

MM. Sherman et Frye avaient proposé d'ouvrir la conférence de Washington le 1er octobre 1887. La période des élections présidentielles la fit remettre au 1er octobre 1889. Le Président démocrate Cleveland, qui avait succédé à M. Arthur en battant M. Blaine de quelques voix seulement, fut remplacé par M. Harrison, et le nouveau Président, qui appartenait au parti républicain, choisit M. Blaine comme secrétaire d'État.

M. Blaine, à qui ses compatriotes décernaient le surnom de Bismarck américain, caractérisant ainsi ses rêves d'union, apporta tous ses soins et toute son activité à la préparation du futur Congrès. Il fut admirablement secondé par la presse des États-Unis. La Chambre syndicale des négociants-commissionnaires de Paris, voulant montrer au commerce français l'importance désastreuse pour nous qu'aurait un Zollverein américain, a réuni en brochure des extraits des principaux journaux américains qui prouvent avec quel intérêt cette idée était suivie, et quels résultats on attendait de sa réalisation. La *Free Press* d'Ottawa demandait de son côté pour le Canada la faveur d'accéder à la future union; « On travaille enfin à américaniser l'Amérique, s'écrie le *Star* de Washington le 18 avril 1888..... toutes les Républiques américaines sont pleines de sollicitude pour le Congrès, et on en attend de grands résultats; la question des relations commerciales plus étroites sera le principal objet de leur étude ». « Il existe parmi le peuple américain, dit le *Herald* de Boston du 20 avril, un sentiment facilement compréhensible, c'est qu'il se croit en droit d'aspirer à une part beaucoup plus grande dans le commerce du continent américain que celle qui lui est échue jusqu'ici. Comme étant la première nation de l'hémisphère occidental, comme étant le peuple qui, non seulement a protégé grâce à sa politique les droits des autres nations, mais qui par son exemple les a conduits dans le sentier des institutions républicaines, les États-Unis doivent exercer une influence considérable sur les affaires commerciales aussi bien que sur les affaires politiques de ces pays ». « Nous voulons monopoliser, si possible, disait le *Sun* de Baltimore du 29 mai 1889, le commerce de l'Amérique centrale et méridionale, non par le bon marché et la bonne qualité de nos produits, mais en renfermant ces pays dans notre tarif protecteur actuel. Nous voulons pouvoir entrer dans les ports des signataires, tandis que l'entrée en sera interdite à nos concurrents européens.

De son côté, la presse française vit le danger, et à la suite du *Bulletin* de la Chambre syndicale des négociants-commissionnaires, le *Temps,* le *Siècle,* le *National,* le *Journal des chambres de commerce* dénoncèrent à l'opinion les périls que ferait courir au commerce et à l'industrie de la France la conclusion d'une union douanière américaine.

Toutes les républiques du Nouveau-Monde avaient été convoquées ainsi que Cuba et les îles Hawaï. Le Mexique, le Brésil et le Chili furent les derniers États qui envoyèrent leur adhésion.

Le Président Harrison fit choix de dix délégués pour représenter les États-Unis au Congrès; il choisit des adversaires déclarés du libre échange. Ce choix prouve bien, comme le fait remarquer le *Graphic* de New-York du 9 avril 1889, que le principal objet du Congrès était le progrès de la cause protectionniste. Les protectionnistes nord-américains cherchaient en effet à trouver dans les États du Centre et du Sud des débouchés pour leurs objets manufacturés que les tarifs douaniers leur permettaient de fournir à l'abri de la concurrence de l'Europe.

Mais, si la presse de l'Union se montrait très enthousiaste, la presse du Sud montrait une grande indifférence, parfois même de l'hostilité. « Le Congrès, disait *Las Novedades,* l'organe le plus important de l'Amérique espagnole, ne sera pas un lit de roses, et pourra même dégénérer en disputes, dès que l'on proposera à nos représentants de rétablir virtuellement en faveur et au bénéfice des États-Unis le système colonial qu'ils ont aboli en 1810 ». « Je ne crois pas, disait un homme public de l'Amérique du Sud dont l'opinion est citée dans la *Post* du 7 mai 1889, que les Républiques hispano-américaines tombent dans le piège qui leur est préparé ».

La réunion tant espérée par les États-Unis eut enfin lieu ; seule la petite République de Saint-Domingue avait décliné l'invitation qu'elle avait reçue. Deux États, et non des moindres, le Mexique et la République Argentine montraient des dispositions bien peu favorables ; mais les Américains du Nord espéraient les convertir à leurs vues. Aussitôt arrivés à Washington, les délégués du Centre et du Sud firent aux frais de l'Union une tournée dans les principaux centres industriels, destinée à leur donner une haute idée de la puissance économique des États-Unis; mais ils retirèrent surtout de leur voyage une impression de jalousie et de crainte, tout contraire au but attendu.

La question de l'arbitrage n'échoua pas complètement. Le Guatémala, le Nicaragua, le Salvador, le Honduras, la Bolivie, l'Équateur, Haïti et le Brésil signèrent avec les États-Unis un traité commun d'arbitrage [1]. Mais la mauvaise volonté du Mexique, du Chili et de la République Argentine avait empêché la signature d'une Union générale dont les États-Unis avaient espéré tirer un grand profit et une grande raison d'influence [2].

L'Union douanière subit un complet échec. Cet échec devait être prévu : une union quelconque ne pouvait se faire que si les États-Unis abaissaient dans des proportions considérables leurs tarifs aux produits bruts des États du Sud. Or, la protection est très en faveur auprès des Républicains, qui représentent pour la plupart des États de l'Est américain, dont l'industrie pour les raisons que nous avons vues ne peut se passer de tarifs protecteurs. De plus, aux États-Unis les tarifs douaniers sont encore une ressource fiscale et fournissent au budget des recettes considérables : le parti républicain hésitait beaucoup à les modifier. Plusieurs États Sud-Américains se montraient d'ailleurs hostiles à toute idée d'Union douanière : les représentants du Chili et de la République Argentine se firent remarquer

(1) Ces traités ne paraissent d'ailleurs pas avoir été ratifiés.
(2) Voir page 139 et s., note.

par leur attitude agressive. Le délégué argentin, M. Sanz
Peña fit observer que si le Zollverein allemand avait réussi,
c'est parce qu'il avait réuni des États homogènes, tandis
que l'Union américaine se proposait de relier entre eux des
États de nationalité distincte ; il insista aussi sur l'impossibilité de trouver une base équitable pour la répartition du
produit des douanes entre les divers États de l'Union pro-
jetée ; enfin il appela éloquemment l'attention des délégués
du Centre et du Sud sur les dangers que la substitution
d'une Diète internationale aux Parlements nationaux pour
la fixation d'un tarif douanier ferait courir à l'indépendance de leurs patries.

Les États-Unis durent se contenter d'assurances de bon
vouloir en faveur de la conclusion des traités de réciprocité,
et de vœux en faveur de la construction d'un chemin de
fer panaméricain. Ces vœux ne paraissent pas avoir encore
reçu de commencement d'exécution.

La conclusion des traités de réciprocité était le seul
moyen qui restât aux États-Unis de resserrer leurs liens
économiques avec les États du Sud : ils s'employèrent de
tous leurs efforts dans ce sens, et signèrent des traités successivement avec le Brésil (31 janvier 1891). la République
Dominicaine (4 juin), les Antilles espagnoles (16 juin), le
San-Salvador (30 décembre), les Antilles anglaises (1er févr.
1892), le Nicaragua (11 mars), le Honduras (29 avril) [1].

Ces traités leur étaient très favorables ; ils admettaient

____

(1) *Annales du commerce extérieur* (n° 81).

en franchise dans leurs ports les sucres, les cafés et les peaux du Brésil, et obtenaient l'entrée en franchise dans les ports brésiliens de leurs blés, de leurs machines et de leur matériel pour chemins de fer : l'industrie brésilienne naissante était sacrifiée. Le traité avec les Antilles espagnoles ne leur était pas moins avantageux : ils obtenaient une franchise presque complète pour leurs objets manufacturés et un tarif réduit pour leurs céréales et pour leurs farines. Les Cubains envoyaient en franchise leurs sucres, leurs cafés et leurs cuirs dans les ports de l'Union. Le commerce espagnol était ruiné, mais ce traité avait dû être consenti par l'Espagne par suite de considérations politiques ; elle craignait que les États-Unis ne soutinssent les mécontents cubains. Les exportations américaines de blé au Brésil passaient en 1894 de 705 mille barils à 892 mille, à Cuba de 114.000 barils à 662.000.

Mais les Américains du Nord ne devaient pas jouir longtemps de leur succès, dont l'absence de communication directe entre le Nord et le Sud diminua d'ailleurs singulièrement l'importance. L'arrivée aux affaires d'un Président démocrate et d'une majorité moins protectionniste que la précédente amena le remplacement du tarif Mac-Kinley par le tarif Wilson, mais des droits furent établis sur les laines et les sucres. La plupart des traités de réciprocité tombèrent ; l'Espagne dénonça le traité signé au nom des Antilles à la suite du refus des États-Unis de laisser pénétrer en franchise les tabacs de Cuba dans les ports de l'Union. Les importations de blé américain tombèrent aussitôt en 1895 au Brésil de 892.000 barils à 662.000, à Cuba de 662.000 à 176.000.

L'Exposition colombienne de 1894 fut une occasion pour les États-Unis d'essayer de resserrer les liens si peu tendus qui réunissent les Trois-Amériques ; des efforts extraordinaires furent faits pour réunir à Chicago des collections de tous les objets produits dans le Nouveau-Monde ; des discours furent prononcés, des banquets eurent lieu ; mais cette tentative paraît n'avoir donné aucun résultat.

Le prodigieux développement donné en 1895 et 1896 à la doctrine de Monroë sur le terrain politique devait susciter de nouveaux essais sur le terrain économique. Des rapports plus intimes sont plus nécessaires que jamais entre le Nord et le Sud. En effet, d'après un très intéressant rapport de M. P. Lefaivre, premier secrétaire de l'Ambassade de France à Washington[1] « les manufacturiers américains constatent que les besoins du marché national ne suffisent plus à absorber la production normale de leurs ateliers, et le seul remède à apporter à la pléthore qui menace leurs magasins est de trouver à l'extérieur les débouchés qu'ils ne rencontrent plus chez eux ». Or, il résulte du même rapport que les États-Unis, qui absorbent 1/10 des exportations du Brésil, envoient seulement dans ce pays 1/50 de leur exportation ; ils lui ont acheté pour 78 millions de dollars de marchandises et ne lui en ont vendu que pour 15 millions. La situation est la même avec tous les autres États ; comme on en peut juger par le tableau suivant :

[1] *Moniteur du commerce* du 17 juin 1897.

	IMPORTATIONS en milliers DE DOLLARS.	EXPORTATIONS 1894-95.
Amérique du Nord anglaise.	37.654	50.101
Mexique.	15.636	14.582
Amérique centrale	11.591	6.373
Cuba et Porto-Rico	54.378	14.353
Antilles anglaises.	9.777	7.668
Haïti et Dominicaine	4.261	6.078
Colombie	3.714	2.499
Vénézuéla.	10.074	3.707
Brésil.	78.831	15.135
Argentine.	7.675	4.399
Reste de l'Amérique.	12.502	10.301
TOTAL.	246.083	135.196

Ainsi, en 1894-95, les Américains du Nord ont acheté aux trois Amériques pour 246 millions de dollars de produits et ils ne lui ont vendu que pour 135 millions; l'écart est bien plus considérable encore si l'on retranche de ces chiffres le commerce Canadien qui se solde en faveur des États-Unis. Le commerce des États-Unis se résume alors par 85 millions de ventes contre 208 millions d'achats, et quelques chiffres de vente n'ont été atteints que parce que les transactions qui les ont amenés avaient été conclues sous l'empire des traités de réciprocité; une différence plus accentuée encore a dû avoir lieu pour l'exercice 95-96.

Les Américains ne sont pas découragés ; une société privée « l'association nationale des manufacturiers des États-Unis » essaie de reprendre les tentatives d'union douanière, tout au moins d'obtenir la signature de nouveaux traités de réciprocité ; elle a fondé à Philadelphie un musée commercial américain, dans lequel elle conserve les collections qui avaient été réunies pour l'Exposition Colombienne ; son délégué, M. Fishback, décoré du titre d'inspecteur des consulats américains, a fait tout récemment un voyage dans l'Amérique du Sud, engageant les Chambres de commerce à entrer en relations avec l'Association, et à se faire représenter à un Congrès commercial américain convoqué à Philadelphie pour le 1er juin 1897.

Les efforts de l'association des manufacturiers ont été encouragés par le Gouvernement de l'Union. Le Gouvernement républicain, revenu aux affaires depuis le 4 mars, voulait en effet modifier la politique économique du pays ; il trouvait le bill Wilson insuffisant pour protéger les manufactures de l'Est ; d'autre part, le déficit financier s'élevait chaque année à 250 millions, et il comptait sur des tarifs fiscaux pour le combler. Mais en même temps, dans son premier message, le Président Mac-Kinley annonçait l'intention de reprendre l'œuvre des traités de réciprocité : « La révision des traités de douane tendra à étendre le principe de réciprocité de la loi de 1890, dont le court essai justifie une nouvelle application. Des pouvoirs discrétionnaires pour conclure des traités, pour ouvrir des marchés nouveaux aux produits américains permettront de faire des concessions pour les produits étrangers dont nous avons besoin ».

Un tarif proposé par M. Dingley a été voté et ratifié par le Président; il est essentiellement protecteur, et dans plusieurs cas, les droits dépassent ceux du bill Mac-Kinley; il amènera fatalement des représailles de la part de l'Europe, les États-Unis devront plus que jamais essayer de trouver pour leurs produits des débouchés dans les États du Sud et du Centre. Le Sénat a autorisé le Président à négocier pour une durée qui n'excéderait pas cinq années des traités réduisant les droits sur les produits bruts ou les laissant entrer en franchise. Il n'est point douteux que M. Mac-Kinley, qui vient d'inaugurer à Philadelphie le Congrès des délégués Sud-Américains convoqué par l'Association des manufacturiers, ne cherche à conclure avec les États du Sud et du Centre des conventions de réciprocité, comme celles qui avaient été signées par l'administration de M. Blaine et abandonnées sous M. Cleveland.

CONCLUSION

———

Nous avons terminé l'étude des principales applications
de la doctrine de Monroë et nous avons vu les principes
de non-colonisation et de non-intervention énoncés en
1823 aboutir à un gigantesque protectorat des États-Unis
sur le Nouveau-Monde [1]. Merveilleusement souple en effet, la doctrine de Monroë devait autoriser les actes politiques les plus divers, et les légitimer tous. Il n'est pas
jusqu'à son titre de *doctrine* qui n'ait contribué à son
succès, en donnant aux décisions qu'elle inspira une apparence juridique, qui devait plaire à un peuple sur lequel
les grands mots de droit et de légalité exercent une si lé-

[1] Nous n'avons étudié en effet que les principales applications de la
doctrine de Monroë ; on pourrait en citer d'autres : les États-Unis ne sont
pas intervenus en 1838 dans le différend survenu entre la France et Buénos-Ayres, non plus que dans les difficultés que suscita les années suivantes aux Gouvernements de Paris et de Londres le dictateur Rosas. Ils
ne sont pas intervenus en 1866, lors du bombardement de Valparaiso par
l'escadre Espagnole, ni dans la contestation anglo-argentine au sujet des
Malouines. Ils sont au contraire souvent intervenus à Haïti.

gitime influence. Le contenu de la doctrine avait été rapidement ignoré; on avait du moins oublié à quels cas très spéciaux Monroë avait fait illusion ; on ne se souvînt que de celles de ses applications qui avaient grandi le pays, et on en fit une règle d'une portée universelle.

Monroë n'était nullement un esprit supérieur : M. Judson nous dit qu' « il était un excellent exemple de la médiocrité éminemment respectable qu'une longue expérience nous a appris à rechercher chez un Président; il était honnête, laborieux, animé d'intentions généreuses, mais il était quelque peu borné (somewhat dull) » ; il sut à merveille incarner les passions de son peuple; il était d'ailleurs inspiré par Adams et par Jefferson.

Dès 1823, le peuple américain, composé de quelques millions d'âmes, avait le sentiment de sa vitalité et de sa grandeur future ; il se sentait isolé de l'Europe par des milliers de lieues et il résolut de la supplanter dans les Amériques du Sud et du Centre; il lui interdit de coloniser et d'intervenir désormais en Amérique. Mais, comme le fait excellemment remarquer M. Pradier-Fodéré, « c'est intervenir que d'interdire aux autres Gouvernements d'intervenir [1]. » Tout en refusant au Congrès de Panama de 1826 de prendre d'engagements vis-à-vis des États du Sud, le Gouvernement de Washington invoque la fameuse doctrine dans les cas les plus divers ; elle lui sert à acquérir des territoires dont elle interdit l'occupation ou la conquête aux autres États; elle devient ensuite offensive, et

(1) Pradier-Fodéré, *Droit int. public,* p. 558.

dans les affaires de Cuba et de Vénézuéla, elle entreprend de chasser l'Europe du continent américain sur lequel elle s'était jusque-là bornée à l'empêcher de s'étendre.

Les États-Unis comprennent que les véritables guerres auront lieu désormais sur le terrain économique, et qu'un tarif mal fait est aussi funeste à une nation que la perte d'une bataille : ils invoqueront la doctrine de Monroë pour la défense de leurs intérêts économiques. Leur commerce se développe dans des proportions prodigieuses ; ils essaient de se passer de l'Europe, et ils lui ferment l'accès de leur territoire par des tarifs presque prohibitifs ; il leur faut des débouchés pour les produits de leurs manufactures ; ils les chercheront en Amérique, et ils essaieront de faire du Nouveau-Monde un monde spécial ne recevant rien de l'Europe ; une vaste fédération est tentée, ressuscitant en Amérique le vieux rêve des États-Unis d'Europe. L'Europe est chassée du Nouveau-Monde au point de vue politique et au point de vue économique.

Tel est le rêve des États-Unis, poursuivi au nom de la doctrine de Monroë. Les publicistes et les hommes d'État américains déclarent ouvertement que le Canada, Terre-Neuve, les Antilles danoises et Haïti tout entière sont appelés dans un temps très rapproché à faire partie de l'Union, et ils ne dissimulent ni leurs ambitions, ni leurs espérances.

Il serait imprudent de prophétiser. Si l'Angleterre a reconnu en quelque sorte la doctrine de Monroë dans l'affaire du Vénézuéla, la chevaleresque Espagne dépense son sang et son or pour affirmer son droit d'agir seule à Cuba ; ce n'est pas au Président américain, mais au Président de la Confédération suisse que la France et le Brésil ont remis le soin de résoudre la difficulté séculaire du Contesté Guyanais.

Vis-à-vis des États purement américains la doctrine Monroë vaut surtout par la signification que lui donnent ces États. Grâce à sa magnifique natalité, à l'union loyale des races anglaise et française sur d'immenses territoires admirablement fertiles, grâce au libéralisme de ses institutions, il est probable que le Canada demeurera en Amérique un État libre. Avec ses 12 millions d'habitants, sa grande vitalité, son sol merveilleusement riche, la valeur de ses soldats, que nous avons éprouvée à nos dépens, le Mexique est pour la race latine une barrière excellente contre les invasions américaines. Les cinq petites républiques de l'Amérique centrale ont signé le 15 juillet 1897 dans la ville de Guatémala un traité en vertu duquel elles ne forment vis-à-vis de l'étranger qu'un seul État ; elles seront ainsi plus fortes. L'intervention des États-Unis au Vénézuéla avait tout d'abord excité un vif enthousiasme, mais cet enthousiasme s'est rapidement changé en inquiétude quand les Américains du Sud ont vu que la protection de la Grande-République ressemblait fort à un protectorat. Parmi les États du Sud, le Chili auquel la valeur de ses hommes d'État, le courage de ses marins et de ses soldats et son développement économique permettent d'aspirer à un rôle prépondérant dans le Sud, se montre particulièrement jaloux de son indépendance.

Déjà, en 1889, une tentative d'union fort intéressante avait été faite entre plusieurs des anciennes colonies hispano-portugaises. A la suite d'un Congrès de droit international privé Sud-Américain tenu à Montévidéo, la République argentine, la Bolivie, le Brésil, le Chili, le Pérou, le Paraguay et l'Uruguay concluaient un traité, en vertu duquel les jugements rendus par les tribunaux de l'un quelconque des États de l'Union seraient exécutoires de plein droit dans tout le territoire de l'Union. Cette tentative est de la plus haute importance, et de nature à resserrer les liens qui doivent exister entre des peuples de même sang, qui ont tant d'intérêts communs. Plusieurs traités ont d'ailleurs été signés à Montévidéo entre des États du Sud [1].

La protection trop lourde du Gouvernement de Washington a effrayé les petits États. M. Gaston Rouvier a eu l'ingénieuse idée de demander à leurs représentants à Paris ce qu'ils pensaient de la doctrine de Monroë [2] : « La doctrine de Monroë, déclarait le ministre argentin, n'est, suivant ma manière de voir, que le désir véhément d'un peuple qui formule l'expression de ses intérêts matériels et moraux, mais ce ne peut être un principe de droit public. Je suis loin de discuter cette aspiration nationale,

---

(1) Notamment des traités d'arbitrage. Il est vrai que le Président des États-Unis était généralement choisi comme arbitre.

(2) *Le Temps*, 1er janvier 1896.

mais elle n'est point revêtue, à mon avis, des caractères de justice et de droit naturel capables de s'imposer d'eux-mêmes à l'Amérique entière. Je crois que, dans l'État actuel des choses, le principe sur lequel s'appuie cette doctrine n'a pas de raison d'être. Est-ce que, désormais, l'Espagne peut caresser l'idée de revendiquer ses anciens privilèges coloniaux, la Grande-Bretagne celle de s'attirer les colonies émancipées en 1776. L'indépendance de l'Amérique est un fait et un droit, et personne n'a l'idée de revenir sur les faits accomplis ». Les représentants d'Haïti du Mexique, de la Bolivie se montraient également d'une extrême réserve; un personnage influent de la colonie mexicaine s'exprimait ainsi : « Ce que l'on appelle doctrine de Monroë n'est qu'une opinion particulière aux Américains du Nord. Les Républiques latines n'ont jamais donné sur cette opinion leur avis officiel. Elles n'ont jamais adhéré à cette prétendue doctrine, ni ne l'ont jamais repoussée... Nous, les peuples latins, gardons notre quant-à-nous! L'Amérique aux Américains! Soit! mais pas seulement aux Américains du Nord. Il faut que chaque partie de l'Amérique appartienne exclusivement à l'État qui l'occupe ».

Cette défiance s'est déjà traduite par des faits : le Sénat bolivien n'a pas voulu reconnaître aux insurgés cubains la qualité de belligérants; le Gouvernement du Nicaragua, nous l'avons vu, refuse au Gouvernement de Washington la permission de creuser sur son territoire un canal interocéanique. Les petits États américains qui choisissaient toujours pour arbitre de leurs différends le Président des États-Unis ont maintenant recours à des juges plus désintéressés : le Costa-Rica et la Colombie viennent de demander au Président de la République Française de résoudre par une sentence arbitrale une contestation de frontières qui les divisait.

Le succès de la nouvelle interprétation de la doctrine de Monroë paraît donc impossible sur le terrain politique; il ne paraît pas davantage possible sur le terrain économique : une union ne peut se faire entre le Nord protectionniste et le Sud libre échangiste; or, les deux systèmes s'imposent aux États des deux hémisphères : le Sud a besoin du libre-échange pour pouvoir exporter les produits bruts qu'il fournit presque seuls, puisqu'il n'a pas de manufactures. Les États-Unis sont protectionnistes, à la fois pour des raisons fiscales et pour des raisons économiques. Le parti républicain, qui s'est toujours montré le partisan de la plus large extension donnée à la doctrine de Monroë, est en même temps protectionniste ardent : le tarif Dingley, qui vient d'être voté, élève encore les droits imposés par le tarif Mac-Kinley; la signature de traités de réciprocité sera tentée avec les États du Sud, mais ceux-ci n'ont que médiocrement goûté l'expérience de 1892, et il est à prévoir qu'ils voudront conserver leurs anciennes relations commerciales avec les États de l'Europe qui sont pour eux d'excellents acheteurs. Les rêves gigantesques de M. Blaine sont probablement irréalisables.

La doctrine de Monroë n'a d'ailleurs pas vu son sens

primitif modifié seulement en Amérique ; elle imposait à la politique de l'Union certaines obligations restrictives : celle-ci devait se tenir à l'écart de la politique des nations européennes et s'occuper exclusivement des affaires de l'Amérique. Cette ligne de conduite, qui avait été celle de Washington, fut longtemps suivie. Mais tout récemment, les États-Unis qui avaient refusé d'adhérer à l'acte de Bruxelles afin de rester fidèles à leurs principes, ont donné des preuves évidentes de leur désir de se mêler à la vie des nations civilisées. Le 4 décembre 1894, le Sénat a voté une enquête sur les massacres d'Arménie. Le 10 avril suivant, M. Gallinger, sénateur républicain du New-Hampshire, a déposé un bill tendant à la nomination d'une commission américaine « chargée de rechercher avec des missions nommées par les grandes puissances les moyens de faire cesser les intolérables abus de pouvoir du Gouvernement turc ». Le comité diplomatique de la Chambre des Représentants a demandé l'établissement d'un consulat à Alexandrette pour la protection des missionnaires américains d'Asie Mineure. Et les grandes puissances ayant envoyé devant Constantinople un second stationnaire, le ministre des États-Unis demandait que des navires américains fussent autorisés à pénétrer dans le Bosphore, fondant son droit sur un article du traité de Paris, qui donnait aux puissances *amies* de la Porte les mêmes privilèges qu'aux puissances *alliées ;* cette demande devait être retirée, mais elle n'en est pas moins un indice curieux des dispositions politiques de certains Américains.

Le sens primitif de la déclaration du 2 décembre 1823 est donc presque oublié : parlant du principe qui inspirait la politique américaine dans l'affaire du Vénézuéla, un Américain, M. Burgess s'écriait : « Est-ce la doctrine Monroë, ou une doctrine Monroë, ou des doctrines Monroë?... Je me sens tout à fait autorisé à affirmer que ce n'est pas la réelle doctrine Monroë, telle que l'a promulguée et comprise M. Monroë, tout simplement parce qu'elle ne peut pas l'être : la Sainte-Alliance est morte depuis soixante-cinq ans, et il n'y a rien dans la politique européenne qui ait avec elle la moindre ressemblance [1] ».

Mais la doctrine de Monroë n'en conserve pas moins une immense importance parce qu'elle est devenue, suivant l'opinion de M. Golwin Smith, « un état fixe et permanent de l'opinion américaine » ; ce n'est pas une doctrine juridique, mais c'est une formule qui résumé d'une façon admirablement simple et compréhensible pour tous les aspirations politiques et économiques d'un grand peuple, et qui réunit sur le même terrain les libre-échangistes de l'Ouest et les protectionnistes de l'Est, les nègres de la Virginie, à peine émancipés, et les fiers descendants des premiers colons britanniques, et les émigrants d'hier, de toute race et de toute religion ; c'est le lien supérieur qui unit tous les Américains. Sans doute ce n'est qu'une règle de politique, *a rule of policy*, comme le disait le 31 janvier

____

(1) J. W. Burgess, *North American Review*, 1896.

1896 lord Salisbury au banquet de l'association non conformiste, mais c'est une règle de politique d'une souplesse admirable ; elle indique à toute question une solution favorable aux intérêts de l'Union, revêtue d'une apparence juridique et du prestige dû à une autorité ancienne et vénérée ; elle donne aux Américains du Nord l'illusion de croire qu'ils agissent dans l'intérêt de tous les Américains, alors qu'ils ne servent le plus souvent que leurs propres intérêts ; elle signifie bien l'Amérique aux Américains, mais avec ce sous-entendu redoutable que les citoyens de l'Union sont devant l'Europe les seuls Américains.

TABLE DES MATIÈRES

LES ORIGINES

Pages.

État de l'Amérique en 1823. — La Russie et les États-Unis.
— Le secrétaire d'État Adams. — La révolte de l'Amérique
espagnole. — Canning. — Déclaration de Monroë. — Effet
produit par le message. — Les Conseillers de Monroë : Jefferson et Madison.................................... 5 à 22

PREMIÈRE PARTIE

PRINCIPE DE NON-COLONISATION

Le principe de non-colonisation au point de vue juridique ;
il n'a plus aujourd'hui qu'un intérêt historique ; il y avait au
contraire en 1823 des territoires non-appropriés. — Opinion
des jurisconsultes sur le principe de non-colonisation :
MM. Moore, Lawrence, Desjardins, Mérignhac, Salomon. —
Y a-t-il un droit public spécial à l'Amérique. — Le principe
de non-colonisation est contraire au droit des gens. — Les
diverses interprétations de ce principe et ses applications : Congrès de Panama et interprétation de M. Adams.   23 à 38

Affaire du Guatémala............................   38 à 39
    —   **de la Dominicaine**.......................   39 à 41
    —   **de l'Orégon**..............................   41 à 47

CONCLUSION............................   47 à 48

DEUXIÈME PARTIE

PRINCIPE DE NON-INTERVENTION.

I

Pages.

Examen de la doctrine de Monroë...................... 49 à 50

I. Ce n'est pas une loi internationale............... 50 à 51

II. Est-elle une loi impérative pour les États-Unis.
Les pouvoirs du Président en matière de politique extérieure. Jurisconsultes et publicistes. 51 à 56

III. Ce que la doctrine de Monroë est devenue dans
l'opinion américaine........................ 56 à 58

II

**Examen spécial du Principe de non-intervention de la
doctrine de Monroë**.............................. 58 à 61

TROISIÈME PARTIE

PRINCIPALES APPLICATIONS DE LA DOCTRINE.

I

PREMIÈRES APPLICATIONS DE LA DOCTRINE.

I. **Le Congrès de Panama** : Conditions dans lesquelles il
a été réuni. — Les Américains refusent de prendre
d'engagements. — Discours de Daniel Webster... 63 à 72

II. **Annexion du Texas** : Extension donnée à la doctrine
de Monroë. — La doctrine Polk................. 72 à 80

III. **Affaire du Yucatan** : La doctrine de Monroë est appliquée dans son sens primitif...................... 80 à 83

IV. **Affaire du Mexique**........................... 83 à 94

I. Intervention collective des puissances......... 83 à 86

II. La France seule au Mexique................. 86 à 91

III. Intervention du Gouvernement américain ..... 91 à 94

IV. Conclusion 94

Pages.

V. **La doctrine de Monroë après la guerre de Sécession : programme de la doctrine de Monroë
« seconde manière »**...................... 95 à 99

II

LA DOCTRINE MONROE « SECONDE MANIÈRE »

I. **Affaire du Canal interocéanique**.............. 100 à 115

    I. Les Américains dans l'Amérique Centrale avant
        1850.. 101 à 103

    II. Le traité Clayton-Bulwer.................. 103 à 105

    III. Prétentions de M. Blaine.................. 105 à 111

    IV. Arrivée aux affaires de M. Cleveland.......... 111 à 115

II. **Affaire du Vénézuéla**....................... 115 à 144

    I. Le Contesté Anglo-Vénézuélien avant 1895.... 117 à 120

    II. Intervention du Gouvernement américain; dé-
        pêche de M. Olney...................... 120 à 125

    III. M. Cleveland et le message du 18 décembre.... 125 à 133

    IV. Le Sénat américain : la doctrine Davis........ 133 à 137

    V. L'Angleterre cède........................ 137 à 144

III. **Cuba**.................................... 144 à 185

    I. Rapports de Cuba et des États-Unis avant 1895. 145 à 150

    II. Le Sénat et la Chambre : la résolution concur-
        rente du 7 avril 1896.................... 151 à 165

    III. Attitude de M. Cleveland.................. 165 à 176

    IV. Arrivée aux affaires de M. Mac-Kinley........ 176 à 180

    V. La situation actuelle...................... 181 à 185

IV. **Antilles danoises**........................ 185 à 186

V. **Les Iles Samoa**.......................... 186 à 187

VI. **La question hawaïenne**.................... 187 à 190

III

LA DOCTRINE DE MONROË SUR LE TERRAIN ÉCONOMIQUE

Pages.

I. Politique économique des États-Unis : rapports commerciaux du Nord et du Sud. Projets de M. Blaine.. 191 à 199

II. Le Congrès de Washington. — Les traités de réciprocité. — Leur dénonciation. — L'association des manufacturiers américains. Situation actuelle.. 199 à 211

CONCLUSION.. 213 à 222

BAR-LE-DUC. — IMPRIMERIE CONTANT-LAGUERRE.